Petra Albath

Jonglieren lernen mit Kindern

Das illustrierte Spiel- und Übungsbuch zur
Verbesserung der Bewegungskoordination

Für Kinder ab fünf Jahren

SÜDWEST

Inhalt

Vorwort

An die Eltern

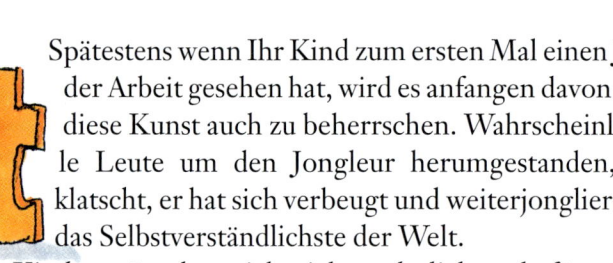

Spätestens wenn Ihr Kind zum ersten Mal einen Jongleur bei der Arbeit gesehen hat, wird es anfangen davon zu träumen, diese Kunst auch zu beherrschen. Wahrscheinlich sind viele Leute um den Jongleur herumgestanden, haben geklatscht, er hat sich verbeugt und weiterjongliert, als wäre es das Selbstverständlichste der Welt.

Alle Kinder wünschen sich nichts sehnlicher als für etwas, das sie können, bewundert zu werden. Sie möchten es selbstbewusst und überzeugend vorführen und von Freunden und Bekannten Beifall bekommen. Sie möchten einmal im Rampenlicht stehen und mit Kreativität und Phantasie das zeigen, von dem sie heimlich träumen. Und gerade Kinder, deren Begabung mehr im körperlichen als im intellektuellen Bereich liegt und die vielleicht in der Schule nicht zu den Besten gehören, erhalten endlich die Möglichkeit, positiv auf sich aufmerksam zu machen. Sie haben ein Erfolgserlebnis und sind keine Außenseiter mehr, über die andere eventuell sogar lachen.

Die Kunst des Jonglierens zieht Menschen ungeheuer in Bann. Wie sonst ist es zu erklären, dass wirbelnde Hüte, Stöcke, Bälle und anderes nicht nur Zuschauer, sondern auch die Jongleure selbst stundenlang fesseln.

Das wird gefördert

Dieses Buch ermöglicht Ihrem Kind, sich anhand von detaillierten Abbildungen und Erklärungen das Jonglieren selbst beizubringen. Ob mit dem Diabolo, mit Tüchern, Bällen, Reifen und Keulen, alles wird Schritt für Schritt anschaulich erklärt.

Jonglieren macht viel Spaß und hilft, das Selbstbewusstsein und die Entwicklung von Konzentration und Ausdauer gleichermaßen zu stärken. Beim Jonglieren werden die motorischen Fähigkeiten gefördert und die Reflexe verbessert. Das Zusammenspiel der Muskulatur wird geübt, der Gleichgewichtssinn und die Orientierung im Raum geschult. Auch der Sinn für Geschwindigkeit und Richtung verbessert sich. Jonglieren ist eine Herausforderung und erfordert vor allem Durchhaltevermögen. Das Ziel ist jedoch so erstrebenswert, dass sich die Kinder immer wieder ans Üben machen. Durch die vielfältigen Möglichkeiten, die einzelnen Tricks zu kombinieren, wird der Phantasie freier Lauf gelassen und es wird nie langweilig.

An die Kinder

Das solltest du wissen

Jonglieren lernst du nicht von heute auf morgen. Zuerst muss sich ja dein Körper an die neuen Bewegungen gewöhnen. Deine rechte und linke Hand mussten bisher schließlich nur »unfallfrei« Messer und Gabel bedienen, aber Bälle oder Keulen gleichzeitig oder abwechselnd in die Luft zu werfen, ist eine komplett neue Erfahrung. Als müsste dein Körper eine Fremdsprache erlernen.
Natürlich hängt es auch von deiner Geschicklichkeit ab, wie schnell es bei dir klappt, und von deiner Ausdauer. Wenn du aber einmal jonglieren kannst, wirst du es auch nicht mehr verlernen.
Bevor du anfängst, liest du dir die einzelnen Schritte am besten gut durch. Versuche nicht den zweiten Schritt zu machen, bevor du den ersten beherrschst. Manche Übungen sind sehr schwierig und brauchen deshalb viel Geduld und Ausdauer. Jonglieren ist eine Herausforderung – wenn du dein Ziel erreicht hast, beispielsweise nachdem dir eine Form oft hintereinander gelungen ist, setze dir ein neues Ziel. Schließe jede Übung sauber ab.
Am Anfang jeder Übungsstunde solltest du alles, was du bereits kannst, einmal durchprobieren. Übe mit beiden Händen. Wenn du mit deiner guten Wurfhand – bei Rechtshändern die rechte Hand und bei Linkshändern die linke Hand – einen Trick kannst, übe unbedingt auch mit der schwächeren Hand.

Jonglieren ist eine Mischung aus sportlicher und kreativer Betätigung, es werden Reaktionsvermögen, Geschicklichkeit und Geist beansprucht, der Aufwand ist gering und man kann es nahezu überall ausüben.

Eine uralte Erfindung

Zeugnisse von Jongleuren gibt es aus aller Herren Länder, ganz besonders aus Asien.

Die Kunst des Jonglierens gibt es schon sehr lange. Bereits weit vor unserer Zeitrechnung, also vor Christi Geburt, wurde jongliert. Ganz besonders in China und anderen asiatischen Ländern, aber auch bei den Ägyptern. Davon gibt es sogar Abbildungen in den Grabkammern alter ägyptischer Könige.

Auch bei den Römern und Griechen waren die Jongleure sehr angesehen und für Kinder und Jugendliche Vorbilder. Denn das Erlernen dieser Kunst erfordert doch eine Menge Willenskraft, Disziplin und Ausdauer. Aber es macht auch so viel Spaß!

Hier durfte gelacht werden

Später dann, im Mittelalter, gab es viele Gaukler und Schausteller, die umherzogen und die Leute mit ihren Späßen unterhielten. Meist war dies die einzige Freude, die den Menschen in ihrer Armut blieb. So wurden es immer mehr Jongleure und Jongleusen, die auch immer mehr Tricks konnten und ihre Kunst immer besser beherrschten.

Hier darf natürlich auch der Zirkus nicht fehlen. Er wurde vor etwa 200 Jahren in England erfunden und war das reinste Paradies für Jongleure, denn noch nie hatten sie so viel Publikum nur für sich.

Zur Ehre der Götter

Am perfektesten waren jedoch die Jongleure aus Asien. Dazu muss man wissen, dass artistische Darbietungen hier der Höhepunkt religiöser Feiern waren. Damit wollten alle ihre Freude ausdrücken. Aber natürlich war es ein ernster Anlass, was sich auch darin zeigte, dass die Künstler ihre Kunst sehr ernst nahmen und sich bemühten, möglichst fehlerfrei zu arbeiten. Sie übten und übten, nur um zu diesem Fest vollkommen zu sein. Denn es ging in diesen Festen ja auch darum, dem Gott seine Ehrerbietung zu zeigen und sich für seine Wohltaten zu bedanken oder um eine glückliche Zukunft zu bitten. Da wollte natürlich keiner riskieren, aufgrund einer verunglückten Darbietung den Gott zu erzürnen.

Aber noch etwas spielte sicher eine Rolle. Jeder, der jongliert, weiß, dass man in einen ganz besonderen Zustand gerät, wenn die Jonglage eine Zeit lang gut läuft. Der Rhythmus ist, als wäre es der eigene Herzschlag oder der Atem, die Welt um einen herum versinkt, die Zeit vergeht unbemerkt – man ist hingegeben und versunken in seine Tätigkeit. Gerade Erwachsene können diesen Zustand nicht mehr so oft erleben. Zu viele Angelegenheiten gibt es, um die sie sich kümmern müssen. Da erscheint ihnen dieser Zustand nahezu göttlich unbefangen und unbeschwert. Was also liegt näher, als mit einem »göttlichen Zustand« einem Gott zu huldigen.

Was fliegt, wird jongliert

Das Jonglieren, wie wir es heute kennen, also mit vielen Raffinessen, gibt es seit gut 100 Jahren. Damals begannen Jongleure richtig professionell zu üben, und von einem Meister seiner Kunst, Enrico Rastelli, heißt es, er habe fünf bis sechs Stunden täglich geübt. Er konnte dann aber auch mit zehn Bällen oder acht Tellern jonglieren. Erst vor 25 Jahren gelang es einem Russen, mit mehr als zehn Gegenständen, nämlich mit elf, zu jonglieren. Natürlich fingen die Menschen bald an, mit den verschiedensten Gegenständen zu arbeiten, beispielsweise mit Tennisschlägern, Bumerangs, Hüten, Seifenblasen oder Degen. Irgendwann wurde es den Jongleuren zu langweilig, immer nur auf dem Boden stehend zu jonglieren. Sie stellten sich auf alles Mögliche drauf, auf Bälle, Stelzen, Tonnen, auf den Partner, sie liefen auf dem Seil und fuhren auf dem Einrad und so ganz nebenbei warfen sie ihre Sachen in die Luft und fingen sie und warfen sie – und dabei sah alles immer so einfach aus. Aber auch sie haben irgendwann einmal angefangen, weitergemacht und dann Erfolg gehabt.

Die Jongleure perfektionierten ihre Kunst immer mehr und stellten sie in den Rahmen anderer Fertigkeiten. Sie balancierten auf dem Seil, liefen auf Stelzen, fuhren mit dem Einrad, lagen auf dem Rücken, kurz, in allen Situationen und Körperhaltungen wurde jongliert.

Das Aufwärmen

Kalte Muskeln, Sehnen und Gelenke bewegen sich nicht flüssig. Beim Jonglieren müsst ihr mit dem ganzen Körper arbeiten, von den Zehen bis zum Kopf und den Fingerspitzen, dann kommt der Rhythmus.

Vor dem Jonglieren solltest du dich, wie auch bei jeder anderen Sportart, unbedingt aufwärmen, um Muskelzerrungen zu vermeiden.

Körperübungen vor dem Jonglieren

Laufe zuerst ein bis zwei Minuten auf den Zehenspitzen auf der Stelle und lass die Arme locker mitschwingen. Schüttle dann deine Arme und Beine kräftig aus, so als hättest du nasse Hände und wolltest sie an der Luft trocknen. Stelle dich gerade hin, die Füße etwa in Schulterbreite auseinander, und strecke deine Arme waagerecht zur Seite aus. Beginne mit den Händen zu kreisen. Nimm die Arme hinzu und mache die Kreise immer größer, bis du die Bewegungen im Nacken und in der Schulter spürst. Kreise im Wechsel auch in die entgegengesetzte Richtung und auch einige Male mit dem Kopf in beide Richtungen. Lass die Arme hängen und kreise mit der Schulter von vorne nach hinten und umgekehrt. Nimm die Arme wieder zur Seite, strecke sie aus und bewege sie zusammen mit dem Oberkörper abwechselnd rechts- und linksherum. Stelle dich wieder gerade hin und dehne die Rückenmuskulatur, indem du mit deinen Händen die Fußspitzen berührst. Hierbei musst du die Beine gestreckt halten und leicht mit den Händen in einer Auf- und Abwärtsbewegung hin zu den Füßen wippen. Lege die Hände auf die Hüfte und kreise mit dem Oberkörper nach vorne über die Seite nach hinten und wieder nach vorne, mal rechtsherum und mal linksherum.

Wenn du später akrobatische Elemente in das Jonglieren einbaust, solltest du dich dementsprechend auch aufwärmen.

Wenn du das Jonglieren mit drei Gegenständen bereits perfekt beherrschst, kannst du dich auch aufwärmen, indem du eine Zeit lang drei Bälle, Keulen oder Reifen jonglierst.

Immer schön locker

Wie du dir das Aufwärmen letztendlich gestaltest, ist dir selbst überlassen, mit der Zeit findest du dann deine eigene Aufwärmtechnik. Wichtig ist, dass dein Rücken, die Arme und die Schultern vor jeder Übungsstunde locker und entspannt sind. Wenn du den ganzen Tag in der Schule gesessen bist, nach Hause kommst und gleich anfängst zu üben, wird es wahrscheinlich nicht so recht klappen. Dein Körper ist über die Stunden ein wenig fest und unbeweglich geworden. Da wirkt ein bisschen Ausschütteln und Herumlaufen Wunder. Anfänglich reichen fünf Minuten zum Aufwärmen. Später, wenn du intensiver probierst und schwierige Tricks und akrobatische Elemente hinzufügst, solltest du mindestens 15 Minuten für das Aufwärmen einplanen.

Je nachdem, ob du »nur« ein wenig jonglierst oder ob du akrobatische Einlagen üben willst, musst du dich mehr oder weniger gründlich aufwärmen. Auch dies macht in der Gruppe viel mehr Spaß als alleine.

9

Tipps fürs Lernen

Üben, üben, üben

Probiere täglich, auch wenn es nur ein paar Minuten sind, das ist besser als nur einmal in der Woche. Übe anfänglich 10 bis 20 Minuten. Verlängere dann deine Übungszeit nach und nach auf eine Stunde.

Sei nicht verbissen. Wenn etwas nicht klappt, macht das gar nichts. Übe einfach an etwas anderem und kehre nach einer Pause zu der schwierigen Übung zurück. Denk daran, dass es darum geht, Spaß zu haben. Wenn du dich bedrückt fühlst, höre für diesen Tag mit den Übungen auf.

Höre auf deinen Körper

Achte stets auf deine Körperhaltung. Dein Rücken muss gerade sein und deine Schultern und der Nacken stets locker bleiben. Lege während der Übungsstunde ein paar Ruhepausen ein, um Schultern, Arme und den Nacken zwischendurch zu lockern.

Wenn dir beim Üben auf einmal die Schultern oder Finger wehtun, dann solltest du dich gründlicher aufwärmen. Außerdem kann es sein, dass du gerade an etwas arbeitest, das deinen Körper einseitig belastet. Mach ein wenig Pause von dieser Übung – spiele mit etwas anderem, mit dem Diabolo z.B., probiere vielleicht auch ein paar Zaubertricks oder fahre mit dem Einrad. Auf diese Weise kann sich der überanstrengte Körperteil erholen.

Vielleicht bist du während einer Übungseinheit irgendwann einmal sehr enttäuscht, weil dir keine Jonglage mehr gelingt. Dauernd fallen dir die Bälle zu Boden, du greifst daneben oder wirfst in alle Himmelsrichtungen, nur nicht dahin, wohin der Ball eigentlich soll. Dann könnte es sein, dass du ganz einfach müde bist. Du hast schon lange geübt, so dass die Konzentration nachgelassen hat, deine Muskulatur hat sich schon ziemlich verkrampft, du übst abends und hast einen anstrengenden Tag hinter dir, oder direkt nach den Hausaufgaben. Denk daran, dass Jonglieren große innere Wachheit und Aufmerksamkeit erfordert und auch fördert. Wenn du müde bist, brauchen Kopf und Körper einfach ein wenig Ruhe. Dann macht's wieder Spaß.

Mit Musik geht's leichter

Während du das Jonglieren übst, schalte ruhig das Radio ein und lasse Musik nebenbei laufen. Übe im Rhythmus der Musik, denn sie hat großen Einfluss auf deine Bewegungen. Du wirst merken, dass viele Musikstücke rhythmisch zum Jonglieren passen. Ist die Musik langsam, jongliere auch langsamer, indem du den Wurfkreis größer, und jongliere schneller, indem du den Wurfkreis kleiner machst, wenn die Musik schnell ist. Die Musik bestimmt den Rhythmus deiner Bewegungen und die Geschwindigkeit des Jonglierens.

Nimm nach Möglichkeit deine Übungsstunde auf Video auf. Du wirst sehen, wie du dich bewegst und was für Fehler du eventuell machst. Hast du nicht die Möglichkeit zu einer Videoaufnahme, dann übe vor einem Spiegel. Der Spiegel ersetzt dir in gewisser Weise das Publikum. Du siehst im Spiegel das, was deine Freunde und andere Zuschauer aus ihrer Sicht von dir wahrnehmen. So kannst du schneller und einfacher lernen und deine Fehler selbst korrigieren.

Zusammen üben

In der Gruppe macht das Lernen mehr Spaß und es geht viel schneller. Ihr könnt kleine Wettbewerbe untereinander veranstalten, z.B. »Wer jongliert am längsten?« – Oder: »Wer kann am besten mit verschiedenen Gegenständen jonglieren?« –, »Wer läuft am schnellsten eine markierte Strecke und jongliert dabei?« Ihr könnt Paare bilden und immer in Gruppen gegeneinander antreten. Oder ihr stellt eine kleine Show zusammen und führt sie in der Schule oder auf dem Geburtstag von Freunden vor. Sie werden begeistert sein.

Hausaufgaben machen geht mit Musik sicher nicht leichter, da kommt es auch auf die Kopfarbeit an. Hier ist der Körper gefragt und Musik wirkt sich da unmittelbar entspannend und anregend aus.

Das Diabolo

Wessen Eltern handwerklich geschickt sind, der kann sie darum bitten, ein Diabolo aus Holz zu bauen. Allerdings ist der Aufwand schon beträchtlich, und ein gekauftes Diabolo hält in der Regel ein ganzes Leben.

Das Diabolo ist ein faszinierendes Geschicklichkeitsspiel. Es stammt aus dem alten China und wurde vor ca. 4000 Jahren erfunden. Das ursprüngliche Diabolo sieht wie ein spulenförmiger Kreisel aus, so ähnlich wie eine leere Garnrolle. Es ist aus Bambus und hat seitlich Öffnungen, wodurch beim Kreisen ein Summen ertönt.

Je schneller sich das Diabolo dreht, umso lauter werden die Töne. Man sagt, dass die Kaufleute früher ihre Kunden durch das Summen des Diabolos angelockt haben, um auf den Märkten ihre Ware zu verkaufen. Heute jedoch besteht das Diabolo meist aus Plastik oder Gummi. Da es keine Öffnungen hat, kann es auch nicht mehr summen. Du bekommst ein Diabolo meist in drei verschiedenen

Größen und sie kosten zwischen 20 und 60 DM. Anfänger sollten sich für das größte Diabolo entscheiden. Es ist nämlich schwerer als die anderen und damit bekommt man ein besseres Gefühl dafür und kann es schneller antreiben. Darüber hinaus haben große Diabolos eine bessere Laufeigenschaft als kleine. Die kleinen Diabolos sind gut zum Werfen und Wiederauffangen geeignet, nicht aber für kompliziertere Tricks.

An Farben gibt es eigentlich keine Grenzen: einfarbig oder bunt. Kaufen kannst du die Diabolos im Fachhandel, in vielen Spielzeuggeschäften und in speziellen Jongliergeschäften (siehe S. 93).

Ein Diabolo besteht aus zwei Halbkugeln, die durch eine Achse miteinander verbunden sind. Mit Hilfe zweier Handstöcke, zwischen denen eine Schnur gespannt ist, wird das Diabolo angedreht. Wenn die Handstöcke mit Seil nicht im Preis mit inbegriffen sind, kannst du auch ein Paketband, eine Angelschnur, ein Gardinenband usw. nehmen. Wichtig ist nur, dass die Schnur glatt genug ist, dass das Diabolo richtig darauf laufen kann, aber auch nicht zu glatt, damit man es gut antreiben kann. Reißen soll's natürlich auch nicht. Auch die Stöcke kannst du je nach Vorliebe lang oder kürzer wählen, dick oder dünn, einfarbig oder kunterbunt. Sie müssen nur gut in der Hand liegen.

Wer sein Diabolo länger auf dem Seil laufen lassen will, sollte es aufschrauben und auf die Lauffläche zwei Unterlegscheiben aufsetzen. So wird die Lauffläche breiter, und das Seil reibt nicht so stark an den Seitenwänden, wodurch das Diabolo sonst an Geschwindigkeit verliert.

Tipp: *Damit die Länge der Schnur auch deiner Größe entspricht, legst du einen Handstock mit festgebundener Schnur auf den Boden und streckst den Arm waagerecht nach vorne aus. Ziehe nun die Schnur mit der anderen Hand hoch, bis sie gestrafft ist, und verknote sie.*

Erste Schritte

Die Grundhaltung

Das Diabolo dreht sich nur in eine Richtung. Wenn du es vor dir auf dem Seil hast und draufschaust, so dreht es sich gegen den Uhrzeigersinn.

Du stehst mit dem Gewicht auf beiden Beinen, die Knie sind nicht ganz durchgedrückt, der Oberkörper ist aufrecht. Das Diabolo befindet sich in der Mitte vor deiner Körperachse und zeigt mit der Öffnung direkt auf dich. Die Stöcke bilden mit dem Körper einen rechten Winkel.

So bringst du das Diabolo zum Drehen

Du legst das Diabolo ca. 30 Zentimeter vor dir neben deinen rechten Fuß. Dein rechter Handstock muss dabei nach unten gerichtet und die Schnur zum Diabolo kurz sein. Den linken Stock hältst du in Höhe deiner Hüfte.

Nun rollst du das Diabolo mit Hilfe deines rechten Handstockes von rechts nach links über den Boden. Wenn es vor dir rollt, musst du den rechten Handstock anheben, damit sich das Diabolo vom Boden abhebt und auf der Schnur rollt.

Bringe das Diabolo zum Drehen, indem du, wenn der rechte Handstock oben ist, ihn ohne zu ziehen nach unten führst. Danach ziehst du ihn gleich wieder nach oben. Du musst mit der linken Hand nach unten gehen, wenn der rechte Handstock oben ist, also immer mit der linken Hand dem Schwung nachgeben.

Achte darauf, dass mit dem rechten Handstock immer nach oben gezogen wird und der linke Handstock grundsätzlich nur zum Nachgeben benutzt wird.

Du wiederholst das so lange, bis sich das Diabolo schnell dreht. Mit etwas Übung wirst du rasch das Gefühl zum Andrehen bekommen. Denke daran, rechts ziehen, links locker nachgeben, rechts ziehen und links locker nachgeben.

Achtung! *Diese Anleitung gilt ausschließlich für Rechtshänder. Solltest du Linkshänder sein, musst du alles entgegengesetzt machen.*
Du musst das Diabolo dann neben deinen linken Fuß legen und mit dem linken Handstock ziehen und mit dem rechten Handstock nachgeben.

Tipp: *Wenn das Diabolo nicht in Schwung kommt, liegt es wahrscheinlich zu fest auf dem Seil, wenn du die linke Hand hebst. Du bremst den Schwung. Oder die Auf- und Abwärtsbewegung ist zu langsam.*

Aus der Luft

Halte beide Stöcke in der linken Hand, und zwar etwas gespreizt, wie japanische Essstäbchen. In der rechten Hand ist das Diabolo. Das Publikum ist jetzt rechts von dir. Wirf das Diabolo hoch und gib ihm mit den Fingern schon etwas Drehung. Dann drehst du dich, so dass das Diabolo mit der Öffnung vor dir ist, nimmst die Stöcke in beide Hände und fängst es auf.

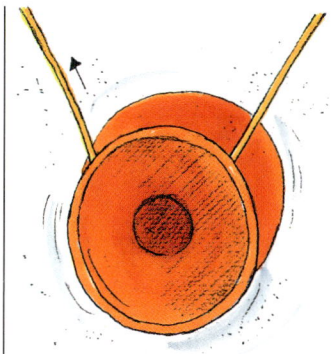

Die Schnur in Pfeilrichtung nach oben ziehen.

Springt dir das Diabolo beim Antreiben vom Seil, kann es sein, dass du das Seil zu schnell nach unten genommen hast, so dass es in der Luft herumschlägt. Das Seil musst du immer straff halten.

Hilfreiche Tipps

Das Diabolo dreht sich weg

Sei nicht zu hastig. Meist braucht es mehrere Korrekturschritte, um das Diabolo wieder in die Waagerechte zu bringen. Ansonsten verfängt es sich sogar im Seil.

Sicher wirst du bemerkt haben, dass sich das Diabolo, nachdem du es angedreht hast, von dir wegdreht (Bild links). Das Diabolo muss sich aber stets vor und zu dir parallel drehen (Bild rechts).

Um Abhilfe zu schaffen, solltest du dem Diabolo anfänglich folgen, d. h., wenn es sich wegdreht, drehst du dich einfach mit, so dass es sich wieder vor dir dreht.

Später, wenn du schon vertrauter mit dem Diabolo bist, dann kannst du Folgendes machen:

Dreht sich das Diabolo linksherum, musst du mit der Spitze deines rechten Handstockes die vordere Halbkugel des Diabolos innen berühren, bis das Diabolo wieder in der richtigen Position ist. Dreht

Du kannst die Korrektur auch mit dem Stockende ausführen, aber wenn du später mit zwei Diabolos arbeitest, musst du mit der Stockspitze arbeiten.

sich das Diabolo rechtsherum, berührst du mit dem rechten Handstock die zu dir gerichtete Halbkugel außen. Du wirst sehen, wie sich das Diabolo wieder in die andere Richtung dreht und alles wieder im Lot ist.

Das Ausrichten wird dir vielleicht nicht gleich auf Anhieb gelingen, da musst du wahrscheinlich etwas üben. Ganz wichtig ist aber, dass du das Ausrichten auch probierst, wenn sich das Diabolo nicht wegdreht. Später möchtest du nämlich sicher verschiedene Tricks mit dem Diabolo machen und dann wird es hin und wieder vorkommen, dass es sich wegdreht. Wenn das Diabolo vor dir rollt, versuche es rechtsherum zu drehen, mache eine ganze Runde, bis du wieder auf deiner Ausgangsposition bist. Danach probiere es in die andere Richtung. Aber drehe das Diabolo mit Hilfe des Handstockes immer nur ein Stückchen herum, gib neuen Schwung und drehe es wieder ein Stückchen weiter.

Das Diabolo kippt

Das Diabolo kippt aus dem Gleichgewicht, wenn es nicht mehr genügend gedreht wird oder wenn du deine Arme nicht parallel gehalten hast. Was tun? Kippt dein Diabolo nach vorne, musst du beim Andrehen, also während du rechts ziehst, deinen rechten Arm anwinkeln und den Handstock zu dir herziehen. Die Schnur berührt dadurch die Halbkugel, und das Diabolo kommt wieder ins Gleichgewicht. Danach nimmst du deinen Handstock wieder nach vorne parallel zu deiner linken Hand. Wenn das Diabolo zu dir kippt, dann brauchst du nur deinen rechten Arm beim Ziehen auszustrecken, bis es wieder im Gleichgewicht ist. Stärker drehen!

Nur die Treibhand kann die nach oben gerichtete Hälfte des Diabolos nach unten drücken. Hast du die Bewegung falsch gemacht, wird das Diabolo weiter kippen. Drück auch nicht zu stark.

Jetzt geht es richtig los

Nachdem du nun gelernt hast, wie das Diabolo angedreht und ausgerichtet wird, kannst du mit den Tricks anfangen.

Werfen und fangen

Wenn dir das Diabolo nach vorne wegfliegt und du musst hinterherlaufen, ist das ein normaler Anfängerfehler. Wahrscheinlich warst du nicht ganz in der Grundstellung oder das Diabolo war ein wenig gekippt.

Bringe dein Diabolo zum Drehen. Nun versuche es einmal hochzuwerfen und aufzufangen.

Um es hochzuwerfen, breitest du beim Hochwerfen deine Arme aus, so dass du eine gespannte Schnur hast (linkes Bild unten). Nun versuche das Diabolo wieder aufzufangen, indem du es am rechten Ende der Schnur beim Handstock in der Achse fängst. Dabei muss dein rechter Handstock etwa eine Armlänge höher sein als dein linker Handstock. Visiere mit den Augen das Diabolo an (rechtes Bild unten). Pass auf, dass du die Stöcke mit der Schnur nicht wie eine Ein-

kaufstasche hältst, sonst wirst du das Diabolo nur per Zufall fangen. Beim Auffangen musst du darauf achten, dass du deine rechte Hand sofort fallen lässt und die linke wieder hochnimmst, um den Schwung aufzufangen (rechtes Bild). Versuche es gleich noch einmal. Nach dem Auffangen solltest du das Diabolo gegebenenfalls wieder ausrichten.

Variationen zum Wurf

Versuche zweimal, dreimal und öfter hintereinander das Diabolo hochzuwerfen und aufzufangen. Wirf es in die Luft und mache eine Pirouette, das ist eine Drehung um die eigene Körperachse, und fange das Diabolo wieder auf. Benutze deine Handstöcke, während das Diabolo in der Luft ist, zum Seilspringen oder mache einen Purzelbaum. Dafür solltest du das Diabolo aber etwas höher werfen, damit du mehr Zeit hast, um diese Tricks auszuführen.

Du kannst das Andrehen auch spektakulärer aussehen lassen, indem du das Diabolo von rechts nach links schwingend andrehst. Stelle dir vor, du hast eine Peitsche in der Hand und versuchst das Diabolo damit anzupeitschen. Du wirst merken, dass es viel schneller Schwung bekommt.

Gelingt es dir nicht, das Diabolo zu fangen, achte darauf, dass du die Schnur gespannt hältst und das Diabolo nicht aus den Augen lässt. Peile es mit dem rechten Handstock an.

Das Diabolo springt über dein Bein

Vielleicht berührt das Diabolo dein Bein und kommt ins Trudeln. Dann musst du das Bein beim Zurückrollen hoch genug anheben und schon hat das Diabolo genügend Platz.

Lass das Diabolo über dein Bein springen. Das geht so: Du wirfst das Diabolo hoch und steigst mit dem rechten Bein über die Schnur. Beim Auffangen musst du dein Bein etwas anheben. Übe den Einbeinstand zuvor ein paarmal ohne Diabolo, damit du sicher stehst. Fange das Diabolo am rechten Handstock und lass es unter deinem Bein hindurchrollen. Wenn das Diabolo auf der Seite angekommen ist, ziehst du deinen linken Handstock nach oben, und das Diabolo springt über dein Bein. Während das Diabolo über dein Bein springt, kannst du mit dem Fuß auf den Boden tippen, damit du das Gleichgewicht nicht verlierst. Ist das Diabolo wieder auf der Schnur gelandet, hebst du das Bein wieder kurz an (linkes Bild).
Knie dich hin und lass das Diabolo dann über dein Bein springen.

Das Diabolo springt über deinen Fuß

Jetzt kannst du das Diabolo auch über deinen Fuß springen lassen (rechtes Bild). Hier ist jedoch noch mehr Gleichgewicht gefordert, denn nun musst du länger auf einem Bein stehen bleiben können. Du drehst das Diabolo wieder an, lässt es auf der Schnur rollen und setzt deine Fußspitze auf die Schnur rechts neben dem rollenden Diabolo. Zieh dabei den linken Handstock etwas nach oben, straffe die Schnur, und das Diabolo springt über deinen Fuß. Du fängst es auf der rechten Seite der Schnur wieder auf. Das Diabolo rollt, durch seine Schwerkraft bedingt, wie von selbst unter deinem Fuß durch. Dafür musst du ihn natürlich von der Schnur nehmen. Wenn es auf der linken Seite wieder angekommen ist, ziehst du den linken Handstock wieder hoch, und es springt erneut über deinen Fuß. Wirkungsvoll ist es, wenn du diesen Trick mindestens fünfmal hintereinander vorführst.

Hinter dem Rücken

Nun lass das Diabolo hinter deinem Rücken rollen. Dafür drehst du das Diabolo wieder an und wirfst es hoch. Nachdem du es rausgeworfen hast, nimmst du beide Handstöcke nach hinten und fängst es rechts neben deinem Körper. Lass es auf die linke Seite rollen und zieh den linken Handstock wieder nach oben, das Diabolo springt über deinen Körper und du kannst es wieder rechts fangen. Dein Oberkörper muss dabei so weit nach hinten gebeugt sein, dass das Diabolo durchrollen kann, ohne am Körper anzustoßen.
Wenn du dich nicht so weit nach hinten beugen kannst, dann nimmst du einfach den rechten Fuß einen Schritt nach vorne und gehst mit beiden Beinen etwas in die Knie. Achte darauf, dass die Schnur auch hinter dem Rücken gespannt bleibt und dass das Diabolo kräftig gedreht ist und viel Schwung hat.

Springt dir das Diabolo beim Flug ans Knie, solltest du das Seil und das Diabolo etwas weiter von dir weghalten.

Es ist schon wirklich schwierig, das Diabolo rechts zu fangen, denn die »Landefläche« ist sehr klein. Da hilft nur üben, üben, üben.

21

Dotzen auf der Schnur

In der Jongliersprache heißt »dotzen« den Gegenstand, den du gerade jonglierst, irgendwo aufspringen zu lassen und gleich wieder damit weiterzujonglieren. Ob er auf dem Boden aufspringt, auf einem Körperteil oder wie beim Diabolo auf der Schnur, ist egal.

Das Diabolo ist in der Mitte der Schnur und du wirfst es gerade hoch. Nicht zu hoch, sondern so, dass du im Zimmer üben kannst. Dann hebst du die Arme über den Kopf, spannst die Schnur und fängst das Diabolo in der Mitte auf. Dabei gibst du ein klein wenig nach, straffst die Schnur aber gleich wieder, so dass das Diabolo erneut hochfliegt. Das kannst du ein paarmal hintereinander machen.

Spring auf!

Mit der Drehung des Diabolos kannst du einiges anstellen. Du hast das Diabolo auf der Schnur und drehst es stark. Jetzt brauchst du viel Schwung. Wirf das Diabolo nach rechts von der Schnur auf den Boden. Es sollte nur wenige Zentimeter neben deinem rechten Handstock aufkommen. Den Handstock bringst du, während das Diabolo in der Luft ist, nach unten, bis die Stockspitze den Boden berührt. Das Diabolo dreht sich so stark, dass es vom Boden weg nach links wieder auf deinen Stock springt und du beliebig weitermachen kannst.

Du musst nur darauf achten, dass das Diabolo genügend Drehkraft hat und vor allem gerade, also nicht gekippt, vom Seil wegfliegt. Sonst torkelt es in alle Himmelsrichtungen auf dem Boden herum.

Tipp: Wenn dir das Diabolo bei einer Vorführung mal zu Boden fällt, überspielst du mit diesem Trick die Situation. Erstmal musst du es natürlich wieder aufheben und auf der Schnur jonglieren. Dann wirfst du es auf den Boden wie oben beschrieben und forderst es mit einer Kopfbewegung oder mit »Spring!« auf, wieder auf die Schnur zu kommen. Das sieht so aus, als würde es dir jetzt gehorchen. Du musst dabei halt ein wenig grimmig dreinschauen und mit strenger Stimme sprechen.

Fangen auf dem Stock

Der Trick ist recht einfach, aber durchaus publikumswirksam. Du bist in der Grundstellung und drehst das Diabolo vor dir. Dann wirfst du es hoch und machst ein Vierteldrehung nach links. Richte den rechten Handstock aus und fange das Diabolo. Da es sich zur Stockspitze hin dreht, musst du den Stock leicht nach oben halten, sonst fällt das Diabolo herunter. Jetzt hältst du den Handstock waagerecht und die Schnur so, dass das Diabolo direkt auf sie draufrollt.

Tipp: Du kannst das Diabolo auch von einem Stock zum anderen werfen. Vergiss dabei aber nicht, eine Vierteldrehung zurück und dann noch eine Vierteldrehung nach rechts zu machen.
Willst du das Diabolo auf der Schnur haben, reicht eine Vierteldrehung.

Mit gekreuzten Handstöcken

Wirf das Diabolo wieder in die Luft. Kreuze die Handstöcke vor dir, so dass ein »V« entsteht. Darauf landet dein Diabolo. Da es in dieser Stellung sehr schnell kippt, darfst du den Trick nur sehr kurz vorführen. Wenn du das Diabolo mit den Stöcken einfach wieder hochschleuderst, kannst du wie gehabt weitermachen.
Pass auf, dass du die Stöcke im rechten Winkel zum Diabolo hältst, sonst kippt es herunter. Und Schwung sollte es haben!

Bergauf rollen

Treibe dein Diabolo richtig fest an. Dreht es sich gut, hältst du die Schnur über deinen Kopf, und zwar so, dass der rechte Handstock etwas tiefer ist als der linke. Das Diabolo sollte näher am rechten Stock sein. Deine Zuschauer werden verblüfft sein, denn jetzt rollt das Diabolo von rechts nach links und vor allem bergauf! Es sieht so aus, als würde sich das Diabolo von selbst bewegen. Wirf es in einem kleinen Bogen nach rechts und wiederhole den Trick, so oft du magst.

Fällt dir das Diabolo vom Stock, hat es meist zu wenig Schwung oder es lief schon vor dem Wurf schief auf dem Seil. Außerdem müssen Stock und Diabolo beim Fangen im rechten Winkel zueinander stehen.

Spiele mit deinen Freunden

Wenn du mit deinem Freund oder deiner Freundin zusammen einen Diabolo drehen möchtest, müsst ihr unbedingt darauf achten, dass das Diabolo von euch beiden in dieselbe Richtung gedreht wird. Wenn du nämlich dein Diabolo beispielsweise nach links andrehst und es deinem Partner zuwirfst, der aber das Diabolo rechts dreht, wird es aufhören, sich zu drehen und von der Schnur fallen. Es wäre also sehr gut, wenn du gleich von Anfang an lernst, beide Seiten anzudrehen.

Diese Tricks könnt ihr zusammen machen

● **Nebeneinander**

Stellt euch nebeneinander und lasst die Diabolos von einer Schnur zu anderen Schnur rollen. Eure Schnüre müssen sich hierbei berühren und fest gespannt sein. Auch hier müsst ihr das Diabolo in dieselbe Richtung drehen!

Sehr effektvoll und für die Zuschauer beeindruckend ist es bereits, wenn ihr zu zweit den gleichen Trick vorführt. Allerdings verliert das ganze an Attraktion, wenn es auch nur ein wenig asynchron abläuft. Ihr müsst euch also gut absprechen und aus den Augenwinkeln beobachten, was der andere gerade tut.

● **Gegenüber**

Werft euch abwechselnd gegenseitig ein Diabolo zu. Lass das Diabolo über dein Bein oder deinen Fuß springen und wirf es von dort aus deinem Partner zu.

● **Hintereinander**

Stellt euch hintereinander auf und werft von vorne nach hinten und wieder zurück.

Wirft dir dein Partner das Diabolo zu, kannst du es natürlich auch auf den Stöcken oder hinter dem Rücken auffangen oder es sofort um dein Bein, deinen Fuß oder hinter dem Rücken herumlaufen lassen.
Oder du drehst eine Pirouette oder springst über das Seil, bis du das Diabolo wieder bekommst.

● **Im Wechsel**

Wirf ein Diabolo hoch und wechsle dich mit deinem Partner mit dem Werfen und Fangen ab. Gehe, nachdem du das Diabolo hoch-geworfen hast, rechts nach hinten um deinen Partner herum. Er fängt es auf, wirft es wieder hinaus, geht seinerseits nach rechts hin-ten weg und du fängst es von links kommend wieder auf, wirfst es hoch, dein Partner kommt von links, fängt es auf usw.

Versucht dabei, die Höhe zu reduzieren, dadurch sieht es viel schnel-ler und schwieriger aus.

Werfen mit zwei Diabolos

Jetzt nimmt jeder ein Diabolo. Um mit zwei Diabolos zu werfen, gibt es zwei Möglichkeiten. Ihr könnt euch die Diabolos synchron zuwerfen, also gleichzeitig, oder im Wechsel.

● Synchron werfen

Beim synchronen Werfen müsst ihr euch Kommandos geben, um gleichzeitig rauszuwerfen. Am besten zählt ihr dabei, z. B. eins, zwei, und bei drei wird geworfen. Achtet darauf, dass die Diabolos im Bogen zum Partner fliegen. Damit sie in der Luft nicht zusammenstoßen, wirft einer etwas höher als der andere.

Lasst einmal zwei Diabolos um das Bein eines Partners kreisen. Einer stützt dabei den Fuß gegen den Oberschenkel des anderen, so dass er eine Zeit lang bequem stehen kann und darunter viel Platz für die Diabolos ist.

● Zu dritt

Ihr stellt euch im Dreieck auf. Ein Partner, A, hat kein Diabolo. Er bekommt vom Partner B eins zugeworfen, fängt es und wirft es gleich wieder zurück. Gleichzeitig wirft Partner C sein Diabolo zu A, so dass B und A gleichzeitig ein Diabolo fangen. A wirft jetzt das Diabolo zu C zurück, fängt das B-Diabolo, wirft es zurück, fängt das C-Diabolo, wirft es zurück usw. Spieler A hat dabei ganz schön zu tun. B und C müssen das Diabolo immer in Schwung halten und korrigieren.

Am besten mit hohen Würfen anfangen und erst, wenn ihr sicherer seid, flacher werfen.

Denkt euch neue, phantasievolle Übungen aus und ich bin sicher, ihr werdet viel Spaß haben.

Begeistert eure Freunde mit dem Diabolospiel. Die Vielfalt der Möglichkeiten, mit Diabolos zu spielen, ist enorm.

● Abwechselnd werfen

Beim abwechselnden Werfen wirfst du dein Diabolo im Bogen heraus. Bevor es seinen Höhepunkt erreicht hat, muss dein Partner sein Diabolo ebenfalls im Bogen herauswerfen und das schon herunterkommende Diabolo auffangen.

Achte beim Werfen immer darauf, dass du die Flugrichtung bestimmst, indem du die betreffende Hand senkst. Auf dem nebenstehenden Bild hat der Junge das Diabolo nach rechts geworfen, also ist seine rechte Hand tiefer als die linke.

Werft euch die Diabolos in den beiden beschriebenen Variationen zu. Probiert auch mal, das Diabolo nicht nur auf der Schnur, sondern auf den Handstöcken zu fangen.

Lasst das Diabolo von Stock zu Stock springen.

Tipp für Könner: Lasst das Diabolo von Stock zu Stock springen und werft es euch dann selbst aufs Seil.

Jonglieren mit Tüchern

Das Jonglieren mit Tüchern zu erlernen ist nicht schwer. Die Jongliertücher bestehen aus Nylon. Sie sind ganz leicht und fallen daher sehr langsam. Jongliertücher bekommst du in vielen Spielzeuggeschäften. Du kannst sie dir aber auch selbst machen. Dazu brauchst du Nylonstoff in der Größe von 80 Zentimeter mal 80 Zentimeter. Oder vielleicht hat deine Mutter noch Nylontücher, die sie nicht mehr braucht. Die Tücher schneidest du zu Quadraten in der Größe von ca. 40 Zentimeter mal 40 Zentimeter.

Zuschauern gefällt das Jonglieren mit Tüchern meist sehr gut, weil sie besser als bei den Bällen den Ablauf der Jonglage beobachten können. Ihr könnt ja bei einer Nummer einmal einen Zuschauer »einbauen«.

Erste Schritte

Du beginnst mit einem Tuch. Halte das Tuch in der Mitte deiner rechten Hand fest und wirf es hoch. Du musst deinen Arm dabei schräg nach oben führen und ca. 30 Zentimeter über und vor deiner linken Schulter das Tuch fallen lassen. Versuche es gleich wieder zu fangen, indem du das Tuch von oben nach unten mit deiner linken Hand krallst. Wirf das Tuch von links wieder zurück auf die rechte Seite und kralle es mit der rechten Hand. Einige Male wiederholen!

Mit zwei Tüchern

Nimm ein zweites Tuch zur Hand. Ein Tuch hältst du in der rechten und ein Tuch in der linken Hand. Wirf nun die Tücher fließend und abwechselnd, so dass sich die Wurflinien vor dir wie ein X kreuzen. Wirf das erste Tuch mit der rechten Hand nach oben zur linken Hand. Wenn du es losgelassen hast, wirf das zweite Tuch aus der linken Hand unter dem ersten Tuch durch nach oben zur rechten Hand. Wenn du das zweite Tuch losgelassen hast, kralle mit der linken Hand das erste Tuch und mit der rechten das zweite Tuch. Es ist gut, wenn du dabei »eins – zwei – eins – zwei« zählst oder »werfen – werfen – fangen – fangen«, dann fällt es dir leichter, auch im Rhythmus zu werfen. Versuche deine Augen immer auf das Tuch zu richten, das gerade oben ist.

Auch mit den Tüchern musst du eine saubere Technik lernen. Du solltest die Grundtechnik gut beherrschen, bevor du mit Varianten beginnst. Versuche dann alle einfachen Tricks, die du auch mit Bällen machen kannst, dann wird dein Gefühl für die speziellen Flugeigenschaften der Tücher immer besser.

Variationen

Wenn du mit den Tüchern gut zurechtkommst und etwas schneller arbeiten willst, kannst du einen Knoten hineinmachen oder kleine Kugeln oder Steine einnähen. Falls du keine Nylontücher hast, nimm einfach Herrentaschentücher. Baue sie dann so in die Jonglage ein, dass du dir immer mal mit einem der Tücher die Nase putzt. Bist du beim Jonglieren schon einigermaßen sicher, kannst du auch hin und wieder niesen und so tun, als kämst du aus dem Rhythmus oder hättest die Orientierung verloren.

Jonglieren mit drei Tüchern

Jetzt probierst du es mit drei Tüchern. Nimm zwei Tücher in die rechte Hand. Das eine Tuch hältst du in deiner Faust – halte es aber nur mit drei Fingern, dem Mittelfinger, dem Ringfinger und dem kleinen Finger, fest. Das andere Tuch hältst du nur mit dem Zeigefinger und dem Daumen. Das dritte Tuch hältst du in der linken Hand. Jetzt werden die Tücher aus beiden Händen abwechselnd geworfen. Zuerst aus der rechten Hand, und zwar das, das du mit dem Zeigefinger und den Daumen hältst, dann das Tuch der linken Hand und dann wieder das Tuch aus der rechten Hand. Jetzt geht es los! Wirf das erste Tuch mit der rechten Hand nach oben, dann das zweite Tuch aus der linken Hand unter dem ersten Tuch hindurch. Nachdem du das zweite Tuch geworfen hast, krallst du das erste Tuch mit der linken Hand. Danach wirfst du das dritte Tuch aus der rechten Hand und fängst mit dieser Hand auch das zweite Tuch und dann das dritte Tuch wieder mit der linken Hand (Bild unten). Der Rhythmus geht werfen – werfen – krallen – werfen – krallen – werfen…
Jedesmal, wenn ein Tuch oben ist, wirf das nächste und kralle gleich das herunterfallende Tuch. Übe diese Abfolge mehrere Male hintereinander. Zähle, wie oft du die Tücher geworfen hast: »eins, zwei, drei, vier, fünf …«.

Die Kaskade

Drei Tücher im Kreis geworfen nennt man die Kaskade. Hierbei wird eine Hand nur zum Werfen benutzt und eine zum Krallen. In der Wurfhand hältst du zwei Tücher und in der anderen ein Tuch. Wenn du die rechte Hand zum Werfen benutzt, dann wirf zwei Tücher nacheinander im Kreis heraus und übergib das dritte Tuch aus der linken Hand in die rechte zum Werfen. Du fängst immer das herunterkommende Tuch, übergibst es sofort in die rechte Hand und wirfst es wieder heraus.

Setze dir zum Ziel, eine bestimmte Anzahl von Tüchern mit der rechten Hand herauszuwerfen, z. B. sechs. Wenn du das erreicht hast, setze dir ein neues Ziel z. B. zehn, dann 20, 30, 40 usw.

Jonglieren kannst du nicht an einem Tag erlernen, deshalb verzweifle nicht, wenn es nicht gleich gelingt. Übe, übe, übe.

Und wenn du meinst, dass das Jonglieren mit Tüchern noch nicht das richtige Jonglieren sei, achte darauf, wie angenehm ruhig der Rhythmus hier wird und wie lange du ihn durchhalten kannst.

Tipp für Könner: Wenn dir während des Jonglierens ein Tuch herunterfällt, dann hebe es mit dem Fuß auf. Du schiebst deine Fußspitze unter das Tuch und wirfst es mit dem Fuß nach oben. Wenn es seinen Höhepunkt erreicht hat, wirf ein anderes Tuch heraus und jongliere weiter.

Wenn du die Kaskade mit Tüchern gut beherrschst, fällt dir die Übung mit Bällen, Reifen oder Keulen sicher leichter.

Jonglieren mit deinen Freunden

Zwei Tücher in der Luft

Du stellst dich deinem Partner gegenüber auf. Jeder von euch hat ein Tuch in der Hand. Ihr werft euch im Wechsel gegenseitig die Tücher zu. Einer beginnt zu werfen, und wenn das erste Tuch fast oben ist, wirft der andere sein Tuch unter diesem Tuch ebenfalls nach oben durch und krallt gleich nach dem herunterfallenden Tuch. Danach krallt der Werfer Nummer eins nach dem zweiten Tuch. Das ist eine sehr einfache Übung, die ihr schon nach kurzer Zeit mit Sicherheit könnt (linkes Bild unten).

Habt ihr den Bogen raus, könnt ihr euch bei einer Vorführung natürlich auch Wäschestücke oder Spültücher oder Socken zuwerfen und daraus eine lustige Nummer machen.

Zu zweit mit drei Tüchern

Jetzt jongliert ihr mit drei Tüchern; dazu stellt ihr euch wieder gegenüber. Einer nimmt diesmal zwei Tücher in eine Hand und der andere ein Tuch. Jeder benutzt nun nur eine Hand zum Jonglieren. Derjenige, der zwei Tücher in der Hand hält, fängt an. Er wirft das erste Tuch hoch. Wenn das Tuch oben ist, wirft der andere das zweite Tuch unter dem ersten Tuch nach oben durch und fängt auch gleich das herunterfallende erste Tuch wieder auf. Danach wirft der-

Versucht auch, euch die Jonglage abzunehmen. Wie das geht, wird bei den Bällen beschrieben (S. 48). Arbeitet dabei mit verschiedenfarbigen Tüchern. Bemalt sie mit Glow-in-the-dark-Farben, so dass sie in der Dämmerung leuchten.

jenige, der begonnen hat, das dritte Tuch unter dem zweiten Tuch durch und fängt das herunterfallende auf (rechtes Bild auf S. 32). Werft im Rhythmus fließend weiter.

Es wird abwechselnd geworfen. Immer wenn ein Tuch oben ist, wird das andere Tuch geworfen.

Nebeneinander jonglieren

Ihr könnt jetzt drei Tücher nebeneinander jonglieren. Dazu stellt ihr euch auch nebeneinander auf. Einer nimmt wieder zwei Tücher in die Hand und der andere eins. Derjenige, der zwei hat, beginnt, und ihr werft euch wie gehabt abwechselnd die Tücher zu.

Dabei müsst ihr darauf achten, dass ihr die Tücher nun etwas schräg zum Partner werft. Der Höhepunkt des Tuches muss zwischen euch beiden sein. Das ist schon etwas schwieriger! Und denkt daran: die Tücher nicht aus den Augen lassen!

Fliegende Bälle

Wirfst du einen Ball in die Höhe, stelle dir einen imaginären Punkt vor, wohin du ihn wirfst, und zwar links und rechts, dort, wo die Hände sind, wenn du die leicht angewinkelten Arme hochhebst.

Mit den Grundkenntnissen des Jonglierens bist du bereits von den Tüchern her vertraut. Das Jonglieren mit Bällen ist genauso, nur dass die Bälle etwas schwerer vom Gewicht her sind als die Tücher und daher auch schneller fallen. Willst du das Jonglieren mit Bällen lernen, brauchst du viel Ausdauer, denn die Bälle werden am Anfang mit Sicherheit oft herunterfallen und du wirst ihnen immer nachlaufen müssen, weil sie wegrollen.

Die Bälle sollten einen Durchmesser von ca. sechs Zentimetern haben. Wenn deine Eltern und Geschwister Tennis spielen, kannst du dir drei Bälle geben lassen und sie zum Jonglieren benutzen. Von Vorteil sind für den Anfang Bälle, die du aus Stoff nähst und mit Sand oder Kies füllst (siehe »Bauanleitung für Jonglierbälle« S. 90/91). Sie eignen sich besonders gut zum Lernen, denn wenn sie dir herunterfallen, bleiben sie liegen und kugeln nicht weg. Jonglierbälle bekommst du in den meisten Spielzeuggeschäften.

Tipp: *Wenn du über deinem Bett probierst, brauchst du den heruntergefallenen Bällen nicht nachzulaufen.*

Erste Schritte

Die Grundhaltung

Für das Jonglieren ist die richtige Grundstellung ganz wichtig. Du stellst dich gerade hin und winkelst die Arme mit den Handflächen nach oben gerichtet an. Die Arme müssen locker gehalten und dürfen nicht an den Körper gepresst werden.

Jonglieren mit einem Ball

Nimm einen Ball, wirf ihn kopfhoch und fange ihn mit der gleichen Hand wieder auf. Versuche hauptsächlich aus dem Handgelenk zu werfen. Beim Hochwerfen öffnet sich deine Hand, und die Finger werden etwas gespreizt. Beim Auffangen musst du darauf achten, dass du den Ball wieder mit deinen Fingern umschließt, sobald er in deine Hand fällt. Hast du den Ball gefangen, gib mit dem Unterarm federnd dem Druck etwas nach und wirf den Ball wieder heraus. So entsteht beim Werfen und Fangen ein runder Ablauf. Übe diesen Schritt auch mit der anderen Hand.

Darauf solltest du achten:

- Die Flughöhe sollte immer ziemlich gleich sein.
- Der Ball darf sich während des Werfens kaum drehen.
- Der Ball darf nicht auf deine Hand platschen; verhindere es, indem du mit deinem Unterarm nachgibst.
- Übe unbedingt beide Hände.
- Gehe erst zum nächsten Schritt weiter, wenn du diese Übung perfekt beherrschst.

Wirf jetzt einen Ball im Bogen von einer Hand in die andere und wieder zurück. Beim Werfen musst du den Ball vor deinem Körper loslassen und mit der anderen Hand außen fangen. Versuche den Ball immer in gleicher Höhe zu werfen und wirf ihn nicht nach vorne. Wiederhole diesen Wurf mindestens zehnmal hintereinander.

Wenn du mehrmals hintereinander den Ball zehnmal ohne Pause von einer Hand zur anderen Hand geworfen hast, kannst du mit dem nächsten Schritt beginnen.

Jonglieren mit zwei Bällen

Nimm nun in jede Hand einen Ball und wirf sie abwechselnd schräg vor dir wie ein X. Wirf den ersten Ball und wenn er den Höhepunkt erreicht hat, wirfst du den zweiten Ball unter dem ersten Ball durch. Fange den ersten Ball und danach  den zweiten Ball wieder auf.

Achte darauf, dass du den zweiten Ball wirklich dann loswirfst, wenn der erste seinen Höhepunkt erreicht hat. Wirfst du ihn zu früh oder zu spät los, kommst du in Bedrängnis, weil du zum Fangen auf einmal zu wenig Zeit hast.

Wieder musst du diese Übung solange probieren, bis sie dir mindestens zehnmal hintereinander ohne Fehler gelungen ist.

Nun versuche zwei Bälle in einer Hand zu jonglieren. Das ist verhältnismäßig einfach, zeigt aber große Wirkung. Du hältst die Bälle wie folgt in deiner Hand: Den ersten Ball legst du in deine Handfläche und fixierst ihn mit dem kleinen Finger und dem Ringfinger, den zweiten Ball mit den anderen Fingern und dem Daumen. Jetzt benutzt du nur eine Hand zum Werfen und zum Fangen. Wirf die Bälle kreisförmig von innen nach außen. Probiere es mit der rechten

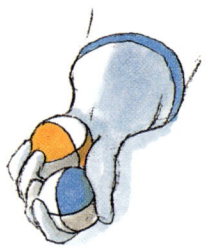

Übernimm dich am Anfang nicht. Probiere lieber wenige dafür aber schöne Würfe, als viele hintereinander, die du dann wild rudernd fangen musst. Mit der Zeit kommt die Ausdauer von selbst.

Hand und mit der linken. Wenn du nun mit zwei Bällen perfekt werfen kannst, kannst du zur nächsten Aufgabe, dem Jonglieren mit drei Bällen, übergehen.

Du brauchst jetzt zwei gleichfarbige Bälle, z. B. weiße, und einen andersfarbigen, z. B. einen schwarzen Ball. In einer Hand hältst du jetzt also zwei verschiedene Bälle.

Wirf den schwarzen Ball hoch und wenn er den höchsten Punkt erreicht hat, die beiden weißen Bälle links und rechts neben dem herabfallenden schwarzen senkrecht nach oben. Fange den schwarzen Ball, wirf ihn hoch, fange die weißen Bälle usw.

Es ist sehr wichtig, dass du deine »schlechte« Wurfhand auch trainierst, denn zum Jonglieren mit vier Bällen ist eine Voraussetzung, mit beiden Händen gleich gut arbeiten zu können. Also musst du das Jonglieren mit zwei Bällen mit beiden Händen beherrschen. Da du diese Übung sehr gut können musst, um mit drei Bällen zu jonglieren, versuche doch mal einige Variationen.

Das Jonglieren beginnt

Jetzt geht das richtige Jonglieren los. Denn weil du nur zwei Hände hast, muss sich immer ein Ball in der Luft befinden – außer am Anfang und am Ende.

Jonglieren mit drei Bällen

Nimm einen dritten Ball zu den zwei Bällen hinzu. In eine Hand nimmst du einen Ball, in die andere zwei Bälle. Die zwei Bälle sollten sich in deiner besseren Wurfhand befinden.

Wirf nun den ersten Ball aus deiner Hand – wenn er seinen Höhepunkt erreicht hat, den zweiten Ball aus deiner anderen Hand und fange mit dieser Hand auch den ersten Ball wieder auf. Wenn der zweite Ball seinen Höhepunkt erreicht hat, wirfst du den dritten Ball und fängst mit der Hand, die zuletzt geworfen hat, den zweiten Ball. Wenn auch der dritte Ball seinen Höhepunkt erreicht hat, wirf wieder den ersten Ball und fange den dritten Ball und so weiter.

Wenn du die drei Bälle schon gut »im Griff« hast, kannst du versuchen, beim Jonglieren langsam in die Knie zu gehen, bis du am Ende auf dem Boden sitzend jonglierst. Stehe dann wieder auf, ohne die Bälle zu verlieren.

Die Bälle werden immer gleichmäßig im Rhythmus geworfen. Damit du den Rhythmus nicht verlierst, zähle dazu. Entweder »eins, zwei, drei, eins, zwei, drei ....«, oder immer aufwärts »eins, zwei, drei, vier, fünf, sechs, sieben ....«. Wirf und zähle, bis ein Ball fällt, fange dann wieder von vorne an zu werfen und zu zählen. Wenn du während des Jonglierens nach einer bestimmten Anzahl von Würfen aufhören möchtest, musst du versuchen, zu einem sauberen Abschluss zu kommen. Nach dem Aufhören sollten in einer Hand immer zwei Bälle sein. Vergiss nicht, dir für jeden Tag wieder ein Ziel zu setzen. Wenn du es zehnmal geschafft hast, versuche es 20- und dann 30-mal.
Beende das Jonglieren stets sauber, sonst sieht es nicht gekonnt aus. Wenn du planst, die Jonglage zu beenden, dann achte darauf, dass du zwei Bälle in einer Hand und einen Ball in der anderen Hand behältst.

Die Füße jonglieren mit

Zuerst solltest du üben, einen Ball mit dem Fuß zu fangen. Nimm einen nicht zu prall gefüllten Bean-Bag, der bleibt besser liegen. Lass den Ball ganz sanft in Richtung Fuß fallen. Die Zehen sind nach oben gezogen, so dass eine Biegung entsteht. Der Fuß kommt dem Ball entgegen und kurz vor der Berührung senkt er sich wieder, so dass der Fall weich abgefedert wird. Liegt der Ball sicher und ruhig auf dem Fuß, musst du nur eine kurze Schleuderbewegung aus dem Unterschenkel machen und der Ball fliegt hoch und ist wieder im Spiel. Hast du schon mit beiden Füßen geübt, wirf den Ball von Fuß zu Fuß.

Schau beim Jonglieren die beiden imaginären Punkte an, zu denen du die Bälle hinwirfst, etwas oberhalb der beiden Schultern links und rechts. Musst du noch deine Hände anschauen, gehe einen Schritt zurück und übe mit einem oder zwei Bällen.

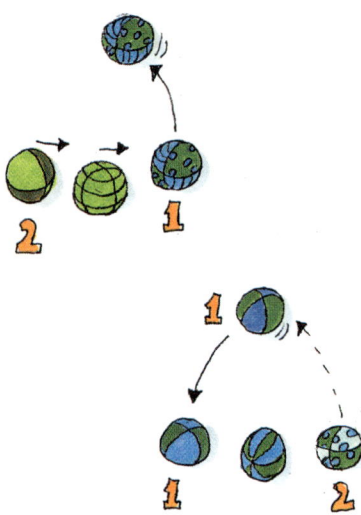

Die Kaskade wird vorbereitet

Die Kaskade gehört zur Grundschule des Jonglierens. Die Bälle werden im Kreis von einer Hand in die andere Hand geworfen. Deine bessere Hand ist deine Wurfhand und wird, wie der Name es schon sagt, ausschließlich zum Werfen benutzt. Deine andere Hand fängt und gibt die Bälle in die andere Hand zurück (linkes Bild).

Bevor du mit drei Bällen anfängst, nimm erst zwei Bälle zur Hand und mach dich mit der Übergabe des Balles von einer Hand in die andere vertraut. Nimm in jede Hand einen Ball. Ist die rechte Hand deine Wurfhand, dann wirf den ersten Ball im Bogen zur linken Hand heraus. Übergib sofort deinen Ball aus der linken Hand in die rechte, fange den ersten Ball und wirf den zweiten Ball heraus. Sofort wird der erste Ball wieder in die rechte Hand übergeben und der zweite Ball aufgefangen. Dann beginnst du wieder von vorne. Werfen – übergeben – fangen – werfen – übergeben – fangen …

Tipps für Könner: Wenn du die Kaskade beherrschst, versuche den Wurfkreis zu verkleinern, dadurch wirkt die Kaskade viel schneller. Beginne die Kaskade mit drei Bällen aus einer Hand.

Erst wenn es dir problemlos gelingt, den Ball mit jeder Hand zum richtigen Zeitpunkt und immer in der gleichen Höhe zu werfen, kannst du einen dritten Ball dazunehmen. Solange du beim Fangen nochmal nachgreifen musst, wirst du die Bälle oft verlieren und das frustriert. Lasse dir Zeit!

Die Kaskade

Bei der Kaskade mit drei Bällen nimmst du zwei Bälle in die rechte Hand und einen Ball in die linke. Wirf beide Bälle aus der rechten Hand nacheinander heraus, übergib den dritten Ball aus deiner linken Hand in die rechte Hand und fange den ersten Ball. Wirf dann den dritten Ball heraus, übergib den ersten Ball wieder in die rechte Hand und fange den zweiten und den dritten Ball. An dieser Stelle hast du bereits einmal die Kaskade durchgeworfen und du müsstest nun einen Ball in der rechten Hand halten und zwei Bälle in der linken Hand.

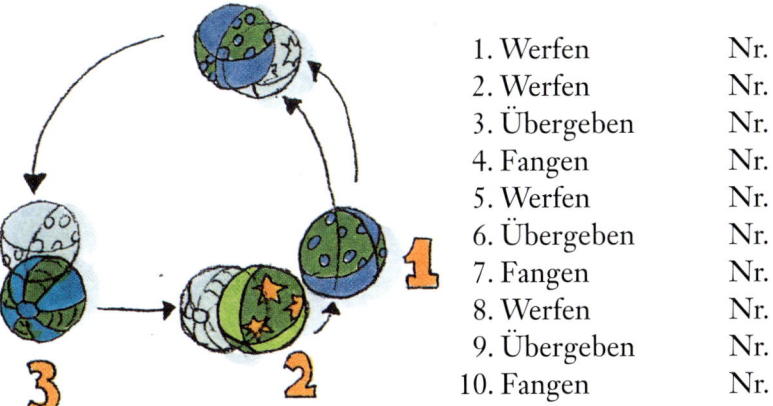

1.	Werfen	Nr. 1
2.	Werfen	Nr. 2
3.	Übergeben	Nr. 3
4.	Fangen	Nr. 1
5.	Werfen	Nr. 3
6.	Übergeben	Nr. 1
7.	Fangen	Nr. 2
8.	Werfen	Nr. 1
9.	Übergeben	Nr. 2
10.	Fangen	Nr. 3

Auf alle Fälle solltest du die Kaskade in zwei verschiedenen Richtungen lernen, als Rechtshänder gegen den Uhrzeigersinn und als Linkshänder im Uhrzeigersinn. Versuche auch, mit der Zeit die Wurfhöhe niedriger zu halten.

Nun setze dir zum Ziel, die Kaskade zweimal durchzuwerfen, das heißt, sechsmal zu werfen. Zähle deine Würfe »eins, zwei, drei, vier fünf, sechs«. Der Rhythmus ist werfen – werfen – übergeben – fangen – werfen – übergeben – fangen – werfen – übergeben – fangen – werfen – übergeben – fangen – werfen – übergeben – fangen – fangen. Das hört sich jetzt alles sehr kompliziert an, ist es aber nicht. Schau dir die Abbildung an und du wirst sehen, dass es einfacher ist, als es sich anhört.
Jongliere anfangs wieder vor deinem Bett, um dir das Nachlaufen der fallenden Bälle zu ersparen.

▶ *Tipp: Beginne die Kaskade mit drei Bällen aus einer Hand.*

41

Kaskadenvariationen

Bist du in der Kaskade wirklich sicher, kannst du auch die Außenkaskade versuchen. Dabei werden die Bälle nicht von unten aneinander vorbei geworfen, sondern außen. Fange so an, dass du bei der normalen Kaskade jeden dritten Ball außen wirfst. So gewöhnst du dich leichter an die Wurfbewegung.

- »U-Shape«: Im Grunde ist dieser Trick eine Kaskade mit ständigem Wechsel von links- auf rechtsherum.
Der rechte Ball wird nur senkrecht nach oben geworfen und der linke Ball ebenfalls. Der mittlere Ball wandert von der rechten Hand in die linke und zurück.
- Hintenherum: Jongliere die Kaskade. Wenn du gut im Rhythmus bist, kannst du den Ball, den du von einer Hand in die andere übergibst, nicht vor dem Körper, sondern hinter dem Rücken von Hand zu Hand werfen. Wirf die Bälle höher als sonst, damit du genügend Zeit zum Wechsel hast.
- Unter dem Bein: Jongliere die drei Bälle wie gewohnt. Hebe dann ein Bein und übergib den Ball von der linken in die rechte Hand flach unter dem Bein hindurch.
- Auf-dem-Boden-Rollen: Zwei von deinen Bällen legst du vor dich auf den Boden. Es sollten etwa 20 Zentimeter Abstand dazwischen sein. Einen Ball hältst du in der rechten Hand. Den wirfst du in die Linke, hebst den nächsten vom Boden auf, währenddessen der andere, auf dem Boden liegende Ball von links nach rechts gerollt wird. Du fängst den Ball mit der linken Hand, legst ihn ab, rollst ihn nach rechts, hebst ihn auf, wirfst ihn nach links usw.

Der Wasserfall

Am besten, du fängst diesen Trick erstmal mit zwei Bällen an. Wenn das gut klappt, nimmst du den dritten dazu.
Strecke deinen linken Arm nach oben aus und halte ihn während der ganzen Übung gestreckt. Jetzt wirfst du mit der rechten Hand einen Ball in die linke, lässt ihn von dort fallen, wirfst den zweiten Ball von rechts nach links und fängst den fallenden Ball mit der rechten Hand. Wenn du es mit drei Bällen versuchen willst, nimm zwei in die linke Hand und lasse zu Beginn einen der beiden fallen.

Mit dem Körper dotzen

Versuche, während du jonglierst, einen Ball auf irgendeinem Körperteil aufspringen zu lassen. Du kannst den Handrücken, Unterarm, Ellenbogen, den Oberschenkel, den Fuß oder die Schulter dafür hernehmen. Der Ball springt nach etwas Üben wieder zurück und du kannst weiterjonglieren. Vielleicht gelingt es dir auch, einen Ball von Körperteil zu Körperteil springen zu lassen.

Der Ball im Nacken

Jongliere wie üblich mit drei Bällen entweder eine Kaskade oder über Kreuz. Wirf nun einen Ball etwa zehn Zentimeter über Kopfhöhe. Schau dem Ball nach und lege den Kopf dabei zurück. Der Ball fällt Richtung Kopf, aber kurz bevor er auftrifft, gehst du mit dem Oberkörper nach unten, ungefähr in der gleichen Geschwindigkeit, wie der Ball fällt. Der Kopf bleibt im Nacken, wodurch eine Mulde zwischen den Schulterblättern und dem Nacken entsteht. In diese Mulde sollte der Ball fallen. Liegt der Ball in der Mulde, musst du nur den Kopf senken, den Ball auf dem Hals entlangrollen lassen, bis er auf dem Kopf angekommen ist, und dich dann schnell aufrichten und den Ball mit dem Kopf nach oben schleudern. Dann hast du Zeit, ihn wieder in die Jonglage aufzunehmen.

Ball auf dem Kopf

Auch das übst du vielleicht zuerst nur mit einem und dann mit zwei Bällen, bevor du den Trick in die Jonglage mit drei Bällen einbaust. Lege mit der rechten Hand einen Ball links auf deinen Kopf und fange den herunterrollenden Ball mit der linken Hand auf.
Wenn du dabei dann auf drei Bälle achten musst, sollte die rechte Hand, nachdem sie den Ball plaziert hat, schnell wieder in die Ausgangsposition gebracht werden, um den nächsten Ball, der kommt, zu fangen. Und die Linke muss den Ball vom Kopf hochwerfen.

Wenn du diese Übungen beherrschst, kannst du schon eine kleine Vorführung machen. Reihe die Tricks aneinander, wiederhole sie und lass ein wenig Musik dazu laufen. Schon ist die Kurznummer fertig.

Du kannst auch mit Zitronen, Orangen, kleinen Mandarinen und Kiwis oder größeren Grapefruits jonglieren. Baue eine Banane dazwischen ein und verteile das Obst am Ende an die Zuschauer.

Apfelessen

Wenn du deinen Freunden und Bekannten vorführen möchtest, wie du jonglierst, dann zeige es ihnen mit zwei Bällen und einem Apfel. Jongliere die Bälle mit dem Apfel wie gewohnt, als wären es drei Bälle. Wenn du den Apfel in deiner linken Hand fängst, wirf den nächsten Ball aus deiner rechten Hand etwas höher und jongliere beide Bällen in deiner rechten Hand weiter. Während des Jonglierens beißt du ein Stück von dem Apfel ab und gibst ihn wieder zur Jonglage. Wenn du das Stück Apfel hinuntergeschluckt hast, jongliere die Bälle wieder in einer Hand und beiße gemütlich ein weiteres Stück von deinem Apfel ab. Wiederhole diese Jonglage, bis nur noch die zwei Bälle übrig sind.

Bevor du es deinen Freunden und Bekannten vorführst, solltest du diesen Trick schon einige Male probieren. Durch das Apfelessen ist die Jonglage etwas schwieriger, weil der Apfel ständig an Gewicht verliert.

Jonglieren mit vier Bällen

Vier Bälle zu jonglieren bedeutet, zwei Bälle in jeder Hand. Zwei Bälle in einer Hand zu jonglieren hast du ja bereits gelernt und auch, dass es beide Hände gleich gut können müssen, ist sehr wichtig.

Jetzt jonglierst du zwei Bälle in jeder Hand, immer von innen nach außen. Dabei wirfst du beide Bälle nacheinander gleichzeitig mit jeder Hand heraus und fängst sie auch mit der gleichen Wurfhand auf. Mache eine kreisende Bewegung von außen nach unten zur Mitte und wirf die Bälle nach außen heraus. Wirf die zweiten Bälle und fange die zuerst geworfenen Bälle außen auf und wirf sie wieder in einer kreisenden Bewegung von innen nach außen. Immer wenn ein Paar Bälle oben ist, wirf das nächste Paar (linkes Bild).

Wirf die Bälle zur Abwechslung von außen nach innen, fange sie vor deinem Körper (rechtes Bild). Aber pass auf, dass die Bälle sich nicht treffen. Zähle deine Würfe und erhöhe die Wurfanzahl.

Der Trainingsaufwand für vier Bälle ist doch um einiges höher als mit drei. In der Fachsprache heißt es: »Für drei Geräte braucht man Wochen, für vier Geräte Monate.« Sei also nicht enttäuscht, wenn's nicht gleich klappt.

Jonglieren im versetzten Rhythmus

Jetzt wird es etwas schwieriger! Wirf die Bälle im versetzten Rhythmus. Zähle, um im Rhythmus zu bleiben, »rechts, links, rechts, links, rechts, links«, oder »eins, zwei, drei, vier, fünf, sechs …«. Beim versetzten Rhythmus werden auch wieder nur zwei Bälle in einer Hand von innen nach außen oder von außen nach innen geworfen.

Jonglieren für Fortgeschrittene

Jonglieren mit fünf Bällen

Jonglieren mit fünf Bällen erfordert schon gekonntes Jonglieren. Fünf Bälle werden im selben Rhythmus wie drei Bälle herausgeworfen. Die Schwierigkeit dabei ist, dass alles viel schneller gehen muss als mit drei Bällen. Halte in einer Hand drei Bälle und in der anderen zwei.

Am besten, du fängst wieder vor einem Bett an. Am Anfang übst du nur das Herauswerfen: Wirf alle Bälle und zähle »eins, zwei, drei, vier und fünf«.

Beginne mit der Hand, in der du drei Bälle hältst, und wirf sie im Wechsel raus. Nachdem der vierte Ball aus deiner Hand ist, fange den ersten Ball, bevor du den fünften Ball herauswirfst.

Am besten, du wirfst dich für diesen Trick etwa zehn Minuten mit drei Bällen warm, dann kannst du mit fünf weitermachen. Wirf anfangs etwas höher als gewohnt.

Achtung: Der fünfte Ball verlässt die Hand, nachdem du den ersten Ball gefangen hast! Und: Achte darauf, dass die Bälle immer in gleicher Höhe geworfen werden.

Verzweifle nicht gleich, wenn es nicht auf Anhieb gelingt, denke an das alte und bewährte Sprichwort – »Es ist noch kein Meister vom Himmel gefallen«.

Anregungen

Jongliere verschiedene Gegenstände, beispielsweise einen Apfel, eine Orange, eine Zitrone oder eine Birne oder Banane. Es zeigt große Wirkung, verlangt aber auch Ausdauer beim Probieren, denn durch das unterschiedliche Gewicht der Gegenstände bist du wahrscheinlich anfangs irritiert.

Beim Jonglieren kannst du deine Phantasie spielen lassen. Versuche dabei zu laufen, nach vorne, nach hinten oder nach rechts und links. Wenn du nach vorne läufst, musst du deine Bälle etwas nach vorne werfen, läufst du rückwärts, etwas nach hinten. Das Gleiche gilt für rechts oder links.

Probiere einmal zur Abwechslung, die Bälle auch mal schneller zu werfen, indem du den Wurfkreis kleiner machst und wieder langsamer, indem du ihn größer machst. Damit allein kannst du Zuschauer schon fesseln.

Versuche beim Jonglieren einen Ball unter deinem Bein hindurchzuwerfen. Es hört sich jetzt sehr schwierig an, ist es aber nicht. Hebe dein Bein hoch und wirf den Ball unter deinem Knie durch, stelle dein Bein wieder auf den Boden und jongliere wie gehabt weiter. Versuche, die Abstände zwischen den Durchwürfen immer kürzer zu machen, beispielsweise jedesmal wenn du mit der linken oder rechten Hand den Ball wirfst.

Wenn du zu Anfang gleich deinen ersten Ball unter deinem Bein durchwirfst und weiterjonglierst, wird es dir leichter fallen, diesen Wurf zu erlernen.

Wirf mal hinter dir vorbei, indem du mit der rechten Hand den Ball hinter den Rücken wirfst und ihn mit der linken Hand auffängst oder umgekehrt mit der linken Hand hinter dem Rücken nach vorne in die rechte Hand.

Jonglieren mit deinen Freunden

Nebeneinander

Legt euch die Arme wechselseitig um die Hüfte und jongliert drei Bälle zu zweit. Einer jongliert mit der rechten Hand und der andere mit der linken. Einer nimmt zwei Bälle und der andere einen Ball. Derjenige, der zwei Bälle hat, wirft den ersten Ball im Bogen zum Partner und der wiederum wirft, wenn der Ball seinen Höhepunkt erreicht hat, seinen Ball zum anderen und fängt gleich den herunterkommenden Ball wieder auf. Nachdem dieser Ball wieder seinen Höhepunkt erreicht hat, wirft der andere Partner seinen Ball und fängt den herunterkommenden auf. Immer wenn ein Ball oben ist, wirft der andere Partner den Ball heraus und so entsteht das fortlaufende Jonglieren zu zweit.

Abnehmen von der Seite

Bei der Partnerjonglage nebeneinander könnt ihr viel ausprobieren. Nehmt euch an der Hand, legt die Arme um die Schultern, steckt die Hände wechselseitig in die Hosentasche des anderen, hakt euch unter oder was euch auch immer mit der freien Hand einfällt.

Ihr steht nebeneinander. Einer von euch jongliert mit drei Bällen. Der Partner kommt von links und geht mit der rechten Hand zur rechten des Jongleurs. Dann fängt er mit der linken Hand den Ball, der von rechts kommt, und mit der rechten den Ball, der von links kommt. Nun ist in jeder Hand ein Ball und der letzte wird mit links gefangen. Damit ist die ganze Jonglage von einem Partner auf den anderen übergegangen. Der freie Partner kann jetzt außen herum gehen und von links wieder abnehmen. Je schneller ihr umeinander herumgeht und die Jonglage den Partner wechselt, desto spannender ist es für die Zuschauer.

Das Abnehmen kann auch von vorne erfolgen. Ihr werdet es später beim Thema »Reifen« und »Keulen« kennen lernen. Wichtig ist, dass ihr euch Zeit nehmt, den Rhythmus des Partners kennen zu lernen und dann in aller Ruhe in die Jonglage eingreift.

Gegenüber und hintereinander

Stellt euch gegenüber auf. Einer jongliert drei Bälle und wirft sie nacheinander etwas nach vorne zum Partner. Dieser jongliert kurz weiter und wirft sie genauso wieder zurück.
Stellt euch nun hintereinander. Der Vornestehende jongliert drei Bälle und wirft dann alle drei Bälle nacheinander nach hinten über den Kopf hinweg zum dahinterstehenden Partner. Der fängt nacheinander die Bälle und jongliert weiter.

Achtung: Beim Nachhintenwerfen den Oberkörper nicht nach hinten biegen, sondern einfach gerade stehen bleiben. Der Partner muss sehr aufmerksam sein, weil die Bälle recht überraschend auf einmal in seinem Blickfeld auftauchen.

Wenn du gerade mit einem Freund eine Unstimmigkeit gehabt hast, eine Auseinandersetzung oder einen Streit, wundere dich nicht, wenn das Jonglieren mit ihm nicht gleich geht. Ihr versteht euch eben im Moment auf mehreren Ebenen nicht.

Das Reifenjonglieren

Reifen sind eine sehr gute Ergänzung zum Balljonglieren, sie bieten Abwechslung und sind nicht sehr viel schwieriger zu handhaben. Alles, was du mit den Bällen erlernt hast, kannst du hier auch brauchen.

Die Jonglierreifen sind meist aus Plastik und haben eine Größe von ca. 30 Zentimeter Durchmesser. Du bekommst die Reifen überall, wo Jonglierrequisiten verkauft werden, und in vielen Spielzeuggeschäften.

Du kannst dir aber auch selbst welche basteln. Frage deinen Vater oder deine Mutter, ob sie dir dabei behilflich sind.

Für drei oder vier Reifen brauchst du ein Platte Presspappe in der Größe von ca. 60 Zentimeter mal 60 Zentimeter und einer Stärke von drei bis vier Millimeter. Zeichne mit einem Zirkel vier Kreise mit einem Durchmesser von ca. 30 Zentimeter. In diese Kreise wiederum je einen Kreis von ca. dreieinhalb bis vier Zentimeter. Lasse dir diese Reifen von einem Erwachsenen mit einer Säge ausschneiden. Mit einer Feile rundest du die scharfen Kanten ab und umwickelst sie mit einem Farbband, Isolierband oder einer Klebefolie.

Die Grundübungen

Das Jonglieren mit Reifen geht vom Rhythmus und vom Ablauf her genauso wie das Jonglieren mit Bällen und Tüchern.

Allerdings brauchst du mehr Platz nach oben. Auch, um Kollisionen zu vermeiden, solltest du die Reifen deutlich höher werfen.

Wirf zuerst einen Reifen mit einer Hand ein paarmal hoch und fange ihn wieder auf, um ein Gefühl fürs Werfen und Fangen dieses Gerätes zu bekommen. Übe genauso oft mit der »schlechteren« Hand wie mit der »guten«.

Achte darauf, dass du dem Reifen einen leichten Drall mitgibst, indem du mit dem Handballen ein wenig nachdrückst.

Wirf die Reifen etwas schräg von einer Hand in die andere und wiederhole dies einige Male.

Wenn du die Reifen fängst, gib etwas federnd nach und wirf dann locker aus dem Arm heraus.

Mit zwei Reifen

Dann nimmst du einen zweiten Reifen hinzu, so dass du in jeder Hand einen hältst, und wirfst sie abwechselnd von einer Hand in die andere. Wenn der erste Reifen seinen Höhepunkt erreicht hat, wirfst du den zweiten Reifen und fängst den ersten. Beim Jonglieren mit Reifen kannst du ruhig höher werfen als mit Bällen und Tüchern. Führe deine Hand beim Rauswerfen der Reifen mit nach oben und lass sie erst etwa in Kopfhöhe los.

Wenn du einen Reifen auffängst, kannst du ihn ebenfalls schon etwas über Kopfhöhe fassen, ihn nach unten führen und wieder nach oben zum Rauswerfen. Auf diese Weise nimmst du die Fallgeschwindigkeit des Reifens in deine Bewegung mit auf – du passt dich dem Rhythmus der Reifen an. Bleibe in den Knien locker.

Allgemein gilt, dass die Bewegungen beim Jonglieren mit Reifen größer sind als beim Jonglieren mit Bällen oder Tüchern.

Genauso wie um die Hand könnt ihr einen Reifen um den Fuß rotieren lassen. Dabei müsst ihr natürlich gut auf einem Bein stehen können oder ihr stützt euch irgendwo ab. Sehr effektvoll sind weiße Reifen vor einem dunklen Hintergrund.

Jonglieren mit drei Reifen

Wenn du zwei Reifen perfekt beherrschst, nimm einen dritten hinzu. Bevor du mit drei Reifen anfängst zu jonglieren, hier noch eine kurze Beschreibung, wie du die Ringe in deinen Händen hältst. Du nimmst zwei Reifen in eine Hand und einen Reifen in die andere Hand. Die zwei Reifen in einer Hand hältst du wie folgt: Den ersten Reifen fasst du in deiner Handfläche und hältst ihn mit dem kleinen und dem Ringfinger fest. Den anderen Reifen, das ist der, der später als allererster geworfen wird, hältst du nur mit den Fingerspitzen des Mittel- und Zeigefingers und dem Daumen fest. Die Hand darf dabei aber nicht verkrampfen.

Das Jonglieren mit drei Reifen geht genauso wie mit drei Bällen. Auch hier musst du auf die gleichmäßige Wurfhöhe achten und darauf, die Reifen im richtigen Augenblick hinauszuschleudern.

Jetzt fängst du die Jonglage mit drei Reifen an. Wirf mit den Fingerspitzen den ersten Reifen heraus – wenn er oben ist, wirfst du den zweiten Reifen und fängst den ersten. Wirf den dritten Reifen und fange den zweiten, danach wirf wieder den ersten Reifen und fange den dritten und so weiter. Achte darauf, dass immer dann der nächste Reifen geworfen wird, wenn ein Reifen den Höhepunkt erreicht. Damit du nicht in Hektik verfällst, wirfst du die Reifen anfangs am besten hoch hinaus. Wenn du mit Reifen jonglierst, könnte dir mit der Zeit vielleicht die Haut zwischen Daumen und Zeigefinger wehtun. Du solltest die Stelle dann mit einem Pflaster abpolstern oder es doch einmal mit einem Radlerhandschuh probieren.

Jonglieren mit vier Reifen

Beim Jonglieren mit vier Reifen werden immer nur zwei Reifen mit je einer Hand geworfen. Nimm in jede Hand zwei Reifen. Wirf gleichzeitig aus jeder Hand den ersten Reifen. Wenn die Reifen den Höhepunkt erreicht haben, wirf die zweiten Reifen aus jeder Hand (linkes Bild). Immer, wenn zwei Reifen in der Luft sind, wirfst du zwei weitere.

Du kannst auch vier Reifen im versetzten Rhythmus werfen. Es werden dann alle Reifen nacheinander und abwechselnd aus beiden Händen geworfen, rechts – links – rechts – links ... (rechtes Bild).

Auch beim versetzten Rhythmus werden immer nur zwei Reifen aus jeder Hand geworfen und aufgefangen.

Im Gegensatz zu Bällen oder Keulen gelingt das Jonglieren mit vier Reifen wahrscheinlich leichter. Sie bieten nämlich wesentlich weniger »Fläche« für Kollisionen.

Werden die Reifen gerade und mit einigermaßen viel Drall nach oben geworfen, kannst du sie auch auf dem Boden aufspringen lassen und danach weiterjonglieren.

Farbspiele

Sehr effektvoll ist es, wenn du während des Jonglierens die Farbe deiner Reifen wechselst. Hierzu musst du deine Reifen zweifarbig streichen oder mit Folie bekleben. Die eine Seitenfläche des Reifens färbst du z. B. rot und die andere weiß. Bevor du mit den Reifen zu jonglieren beginnst, musst du dich vergewissern, dass du alle Reifen so in der Hand hältst, dass z. B. die rote Seite rechts und die weiße links ist. Beginne drei Reifen wie gewohnt zu jonglieren.

Dann fängst du dreimal hintereinander die Reifen wie folgt: Bevor du den Reifen greifst, drehst du die rechte Hand um 180 Grad nach links. Hast du den Reifen gefangen, drehe ihn sofort wieder nach rechts und wirf ihn wie gewohnt wieder heraus. Auch die linke Hand wird beim Greifen um 180 Grad nach rechts und sofort wieder zurückgedreht. Drehe die Reifen dreimal, sechsmal oder neunmal hintereinander. Beendest du dann die Vorführung, hältst du alle Reifen mit der gleichen Farbseite in einer Richtung in deiner Hand.

Achte darauf, dass du alle Reifen gleich oft umdrehst. Drehst du einen Reifen einmal weniger um, dann wirst du nach Beendigung der Jonglage Ringe mit verschiedenen Farbseiten auf der rechten und linken Seite in der Hand halten.

Gewöhne dir auch gleich an, die Reifen quer wie eine Bratpfanne zu fangen. Dann kannst du einen senkrecht geworfenen Reifen in dem quergestellten fangen.

Ein schöner Abschluss bei der Jonglage mit Reifen ist, wenn du dir die Reifen nacheinander über den Kopf um den Hals hängst (rechtes Bild unten auf S. 54).

Einen Reifen quer zu fangen, geht folgendermaßen: Du fängst den Reifen wie üblich senkrecht, lässt die Hand sinken und kippst sie schnell um, so dass der Reifen jetzt quergestellt ist.

Jonglieren mit deinen Freunden

Jongliere mit deinem Partner oder deiner Partnerin drei Reifen zu zweit.

Die Jonglage abnehmen

● Gegenüber

Reifen sind für den Einstieg in Partnerjonglagen noch geeigneter als Bälle. Sie sind besser zu greifen, größer und daher gut beim Flug zu beobachten. Außerdem werden sie meist höher geworfen. Aber auch hier heißt es, mit Aufmerksamkeit zu Werke zu gehen.

Wenn ihr diesen Trick mit Bällen schon könnt, ist es mit Reifen kein Problem. Ihr stellt euch gegenüber auf. Damit du ein Gefühl für die Jonglage des Partners bekommst, schaust du ihm einfach eine Zeit lang zu. Vielleicht probierst du die Würfe parallel ohne Reifen, damit du seinen Rhythmus kennen lernst. Irgendwann greifst du ohne Hektik und gleichmäßig einen Reifen nach dem anderen. Wichtig ist, dass du die Reifen fasst, kurz bevor sie ihren jeweiligen Scheitelpunkt erreichen, also wieder herunterfallen.

Greife entschlossen, aber ruhig in die Jonglage. Wenn du zögerst, wird dein Partner verwirrt und kommt aus dem Rhythmus.

Zu Anfang wird der Partner durch das Eingreifen sicher irritiert und wirft die verbleibenden Reifen anders als bisher in die Luft. Mit der Zeit gibt sich das und er behält die Höhe und Geschwindigkeit bei.

● Von hinten

Wenn ihr unterschiedlich groß seid, könnt ihr euch hintereinander stellen und der größere von euch beiden übernimmt von hinten die Jonglage. Der kleinere muss dann nur noch aus der »Umarmung« herauskommen. Daraus könnt ihr eine lustige Szene machen.

Seid ihr gleich groß, stellt sich der eine einfach auf einen Stuhl oder Tisch und übernimmt auf diese Weise von hinten.

Passen

● Mit drei Reifen

Ihr stellt euch gegenüber auf. Einer nimmt zwei Reifen und der andere einen Reifen. Derjenige, der die beiden Reifen in der Hand hält, wirft den ersten Reifen im Bogen zum Partner gegenüber raus. In dem Moment, in dem der Reifen den Höhepunkt erreicht hat, wirft der andere seinen Reifen usw.

● Mit sechs Reifen

Wenn du mit drei Reifen perfekt jonglieren kannst und dein Partner ebenfalls, dann könnt ihr jetzt versuchen, zu zweit mit sechs Reifen zu jonglieren. Dazu stellt ihr euch wieder ungefähr eineinhalb Meter auseinander gegenüber auf. Macht einen kleinen Ausfallschritt – einen Fuß etwa eine Fußlänge vor dem anderen –, wobei ihr beide den gleichen Fuß vorne haben solltet, z. B. den rechten. Nun haltet die Reifen wie bei der Jonglage mit drei Reifen. Ihr jongliert jetzt im Grunde nur drei Reifen. Der Unterschied ist der, dass ihr jeden Reifen zum Partner gegenüber werft. Ihr müsst unbedingt darauf achten, dass ihr beide die gleiche Wurfhand benutzt. Ihr werft beide gleichzeitig die Reifen nach vorne zum Partner heraus. Aber aufgepasst, ihr müsst beide mit der gleichen Hand beginnen. Stellt euch vor, ihr lauft Langlaufski. Genauso wie ihr dabei die Arme bewegt, bewegt ihr sie beim Herauswerfen der Reifen. Werft immer im gleichen Rhythmus: rechts – links – rechts – links…

Wie bei allen Partnerübungen ist es auch hier wichtig, dass ihr euch nicht mehr auf euer eigenes Werfen konzentrieren müsst. Das sollte euch schon völlig vertraut sein.

Alle Reifen werden immer nach vorne zum Partner herausgeworfen. Wirfst du mit der linken Hand, fängt der Partner mit der rechten und wirft seinerseits auch mit der linken Hand.

Den richtigen Dreh mit Keulen

Die Keule

Auch Keulen könnt ihr im Jonglierladen kaufen. Es lohnt sich fast nicht, sie selbst zu bauen, weil sie dann meist ein unterschiedliches Gewicht haben. Nehmt keine Gymnastikkeulen, sie prallen in der Hand und lassen sich nicht so gut drehen.

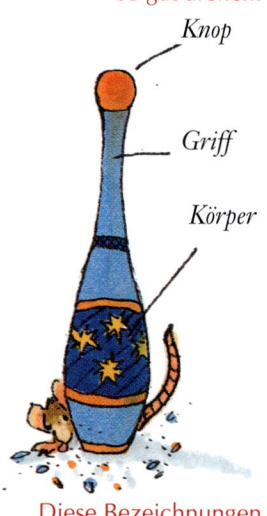

Knop

Griff

Körper

Diese Bezeichnungen solltest du dir merken.

Das Keulenjonglieren ist anfänglich schwieriger zu erlernen als das Jonglieren mit Bällen oder Reifen. Gerade, weil es schwieriger ist, muss es immer wieder geübt werden.

So werfe ich eine Keule

Halte die Keule waagerecht und etwas schräg vor deinem Körper in der rechten Hand und wirf sie in einer kreisenden Bewegung in die linke. Die Keule muss sich dabei einmal um ihre Achse drehen. Wirf sie von links nach rechts und wieder von rechts nach links und fange sie am Griff.

Wirf die Keule nicht mit dem ganzen Arm oder aus der Schulter. Keulen werden aus dem Unterarm und aus dem Handgelenk kreisförmig in die Breite jongliert, sonst passiert es, dass sie zusammenstoßen und unkontrolliert nach unten fallen.

Jonglieren mit zwei Keulen

Nimm eine zweite Keule dazu, in jeder Hand eine. Wirf sie abwechselnd von rechts nach links und von links nach rechts. Wirf die erste Keule mit einer kreisenden Unterarmbewegung heraus, und wenn sie ihren Höhepunkt erreicht hat, wirf die zweite Keule aus der anderen Hand ebenfalls mit einer kreisenden Bewegung heraus. Fange die zuerst geworfene Keule und dann die nächste. Wenn dir diese Übung einige Male hintereinander ohne Fehler gelungen ist, dann jongliere beide Keulen fließend hintereinander. Sobald du eine Keule gefangen hast, wirf sie gleich wieder heraus. Probiere es immer und immer wieder, bis du es perfekt kannst.

Am besten, du versuchst anfangs die Keulen am Übergang zum Keulenkörper zu fassen. Erst später ist es besser, sie am Knop zu fassen, dann kannst du sie höher und ruhiger hinauswerfen.

Aber vorsichtig! Das Jonglieren mit Keulen birgt so seine Gefahren. Du wirst die Keulen wahrscheinlich manchmal nicht richtig erwischen und sie werden dir auf die Hände fallen, was sehr schmerzhaft sein kann. Nimm die Armbanduhr, Ringe oder sonstigen Schmuck ab, denn er könnte kaputtgehen oder dich verletzen. Es wird dir hin und wieder mal ein Fingernagel abbrechen, und wenn du die Keule nicht richtig wirfst, kannst du sie auch mal auf den Kopf bekommen und das tut ganz schön weh. Das geschieht vor allem dann, wenn du die Keule zu spät loslässt.

Fast schon ein Profi

Sollten deine Keulen immer wieder zusammenstoßen, denk an den leichten Bogen, den die Keule in deiner Hand beschreiben muss, damit sie unter der Flugbahn der ankommenden Keule vorbeifliegt. Lass deinen Körper locker, er ist beim Wurf beteiligt, auch wenn sich nur Arme und Hände stärker bewegen.

Bevor du darangehst, mit mehr als zwei Keulen zu jonglieren, solltest du erstmal noch versuchen, die Keulen statt mit einer, mit zwei Drehungen in die Luft zu werfen. Das gibt Sicherheit.

Jonglieren mit drei Keulen

Nachdem du zwei Keulen jonglieren kannst, nimmst du eine dritte hinzu. Halte zwei Keulen in einer Hand und eine in der anderen Hand und zwar so: Die erste Keule nimmst du in deine Handfläche und hältst sie mit dem Ringfinger und dem kleinen Finger fest. Die Keule muss dabei auf deinem ausgestreckten Zeigefinger liegen. Dann legst du schräg oben die zweite Keule auf die erste Keule und hältst sie mit der Fingerspitze des Mittelfingers und des Daumens fest. Dabei muss die Keule auf dem ausgestreckten Zeigefinger und auch in der gleichen Richtung wie dieser Finger liegen (Bild oben).

Wirf die Keule am Anfang ruhig etwas höher, etwa 50 Zentimeter über deinen Kopf, somit hast du mehr Zeit, um deine Würfe kontrollierter auszuführen. Beginne mit drei Keule zu jonglieren. Wirf zuerst die Keule aus der Hand, in der du zwei Keulen hältst. Wenn die erste Keule oben ist (etwa nach einer halben Drehung), wirf die zweite Keule aus der anderen Hand. Fange die erste Keule und wirf die dritte. Fange die zweite Keule und dann die dritte.

Nachdem du die Keulen einmal der Reihe nach durchgeworfen hast, musst du in der Hand, in der du zu Beginn zwei Keulen gehalten hast, jetzt eine Keule haben und in der anderen zwei. Bist du mit dieser Abfolge dann vertrauter geworden, wirf die Keulen mehrmals fließend hintereinander durch. Sobald du eine Keule fängst, wirf sie sofort wieder heraus. Es wird immer abwechselnd geworfen, rechts – links – rechts – links ... Zähle deine Würfe. Am Anfang solltest du etwas höher werfen, dann hast du etwas mehr Zeit, den Weg der Keulen zu beobachten und es ist leichter, sie zu fangen. Wenn du sicherer geworden bist, kannst du die Höhe nach und nach verringern.

Schließe die Jonglage stets sauber ab. Wenn du das fortlaufende Jonglieren beherrschst, versuche es doch mit doppelter Drehung der Keulen. Dabei musst du etwas mehr Schwung aus dem Handgelenk geben. Das Jonglieren wirkt dadurch viel schneller und ist besonders effektvoll.

Bevor du mit drei Keulen anfängst, kannst du auch mit zwei Bällen und einer Keule üben. Dann musst du dich erstmal nur auf eine Keule konzentrieren. Fange mit den beiden Bällen in einer Hand und der Keule in der anderen an. Der Ablauf ist, als ob du mit drei Bällen jonglieren würdest.

Balanciere eine Keule

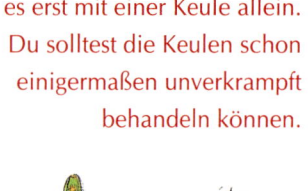

Bevor du das Balancieren in eine Abfolge einbaust, übe es erst mit einer Keule allein. Du solltest die Keulen schon einigermaßen unverkrampft behandeln können.

Balanciere eine Keule auf deinem Kinn oder, noch schwieriger, auf der Nase, lasse sie dann fallen und beginne mit ihr und zwei weiteren Keulen zu jonglieren.

Wirf beim Jonglieren eine Keule unter deinem Bein durch. Wenn du währenddessen eine Keule etwas höher wirfst, hast du mehr Zeit, um die Keule unter dem Bein durchzuwerfen. Stelle das Bein ganz schnell wieder ab und jongliere dann wieder normal weiter. Wirf anfänglich jede dritte Keule unter dem Bein durch, verkürze die Abstände zwischen den Durchwürfen, bis du jede Keule schaffst.

Für den Unter-dem-Bein-Wurf gibt es noch andere Möglichkeiten. Wirf die Keule von außen nach innen und von innen nach außen, mit der rechten Hand unter dem rechten Bein und mit der linken unter dem linken Bein. Dann kannst du mit der rechten Hand unter dem linken Bein hindurchwerfen und mit der linken unter dem rechten Bein. Noch schwieriger ist es, eine Keule unter dem Bein durchzuwerfen, während der Fuß auf dem Boden stehen bleibt. Am besten, du nimmst dazu eine besonders lange Keule, die du dann hinten am Knop fassen kannst.

Viele Tricks mit Keulen werden noch spektakulärer, wenn die Keulen zwei oder drei Umdrehungen in der Luft machen. Und du hast mehr Zeit, dich zu orientieren.

Jonglieren mit vier Keulen

Als Vorübung solltest du drei Keulen über Kreuz werfen und dabei mit der rechten Hand immer eine dreifache und mit der linken immer eine einfache Umdrehung werfen. Je höher du die Keulen wirfst, umso lockerer musst du das Handgelenk halten, sonst wird der Aufprall zu heftig.

Bevor du mit vier Keulen jonglierst, musst du es mit zwei Keulen in jeder Hand können.

Beginne erst mit einer Hand. Halte die zwei Keulen in einer Hand, wie du es bereits bei der Dreierjonglage gelernt hast. Wirf die erste Keule mit einer Doppeldrehung in einer kreisenden Bewegung von innen nach außen, wenn sie ihren Höhepunkt erreicht hat, wirf die zweite Keule auch mit einer Doppeldrehung, fang und wirf die erste Keule wieder, fang und wirf die zweite Keule, fang und wirf, fang und wirf… (linkes Bild). Probiere deine andere Hand gleichermaßen.

Beim Jonglieren mit vier Keulen werden die Keulen stets mit einer Doppeldrehung geworfen. Wirf jetzt mit beiden Händen die Keulen gleichzeitig heraus und fange sie mit jeweils der Hand wieder auf, mit der sie geworfen wurden (Bild in der Mitte).

Wirf auch einmal alle vier Keulen im versetzten Rhythmus. Das heißt, dass du nacheinander aus jeder Hand eine Keule werfen und sie wieder auffangen musst (rechtes Bild).

Erhöhe die Anzahl deiner Würfe. Zähle bis zehn und lege eine Pause ein. Jedesmal, wenn du dein Ziel geschafft hast, kannst du einen weiteren Durchgang anhängen: 20-mal, 30-mal, 50-mal. Wenn du es bis 50 geschafft hast, bist du ein absoluter Könner und kannst dich mit ruhigem Gewissen als Profi der Jonglierkunst bezeichnen.

Jonglieren mit fünf Keulen

Um mit fünf Keulen zu jonglieren, musst du zuerst drei Keulen aus einer Hand werfen und fangen können.

Halte die Keulen folgendermaßen: Nimm zwei Keulen in eine Hand, wie du es schon von der Dreierjonglage her kennst, lege die dritte Keule wie rechts abgebildet auf die anderen Keulen drauf und halte sie mit der Spitze des Ringfingers und des Daumens fest.

Übe das Hinauswerfen aller Keulen mit der Doppeldrehung. Wirf alle drei Keulen schnell nacheinander von einer Hand in die andere Hand. Fang alle Keulen in einer Hand. Übe das Herauswerfen und Fangen von beiden Seiten.

Jetzt geht's los!

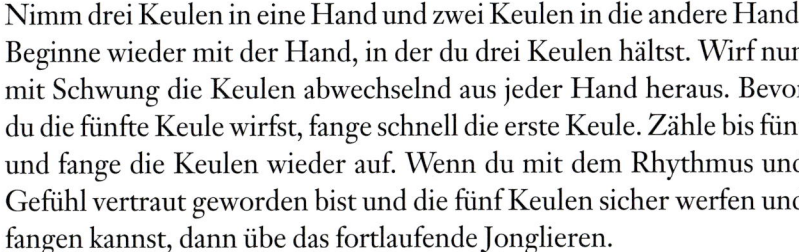

Nimm drei Keulen in eine Hand und zwei Keulen in die andere Hand. Beginne wieder mit der Hand, in der du drei Keulen hältst. Wirf nun mit Schwung die Keulen abwechselnd aus jeder Hand heraus. Bevor du die fünfte Keule wirfst, fange schnell die erste Keule. Zähle bis fünf und fange die Keulen wieder auf. Wenn du mit dem Rhythmus und Gefühl vertraut geworden bist und die fünf Keulen sicher werfen und fangen kannst, dann übe das fortlaufende Jonglieren.

Sobald du eine Keule fängst, wirf sie sofort wieder heraus.

Wenn du etwas in die Knie gehst und dem Rhythmus folgst, bekommen deine Keulen mehr Schwung und fliegen höher.

Mit fünf Bällen zu jonglieren ist schon außerordentlich schwierig und professionellen Jongleuren zufolge erst nach Jahren des Übens möglich. Falls du also mit fünf Keulen nicht zurecht kommst, mach dir nichts daraus. Du hast dein Leben lang Zeit, es zu lernen.

Jonglieren mit deinen Freunden

Nebeneinander

Ihr fangt am besten mit dem Herausnehmen einer Keule aus der Jonglage an, die ihr dann sofort wieder hineinwerft. Ihr ersetzt praktisch eine Hand des Partners: die rechte mit eurer rechten Hand, die linke mit der linken. Der Partner macht mit seiner leeren Hand die Jonglierbewegung ohne Keule. Daran müsst ihr euch wahrscheinlich ein wenig gewöhnen.

Jongliere mit deinem Partner. Stellt euch nebeneinander auf und jongliert drei Keulen zu zweit.
Jeder benutzt nur eine Hand – der eine die linke und der andere die rechte.

Nehmt euch die Jonglage gegenseitig ab. Dein Partner jongliert drei Keulen und du kommst von links und nimmst mit der linken Hand die Keule, die dein Partner sonst mit links gefangen hätte. Danach greifst du mit der rechten Hand vor den Körper deines Partners und fängst die zweite Keule. Deine Arme musst du auseinanderhalten, damit dein Partner die dritte Keule unter deinem rechten Arm hindurch zwischen deine Arme werfen kann, damit du sie mit deiner linken Hand fängst. Du jonglierst weiter, bis dein Partner dir die Keulen wieder abnimmt.

Gegenüber

Stellt euch gut zwei Meter auseinander gegenüber auf. Zuerst probiert ihr das Zuwerfen und Fangen mit nur einer Keule. Um aus der Jonglage rhythmisch herauszuwerfen, nimmst du die Keule in deine linke Hand und wirfst sie in deine rechte. Hast du die Keule gefangen, führst du sie senkrecht neben deinem Körper nach unten und wirfst sie beim Anheben deines Armes dem Partner in die linke Hand (Bild unten). Achte darauf, die Keule beim Hinauswerfen zu führen, und lasse sie erst in Brusthöhe aus der Hand. Die Keule macht eine eineinhalbfache Drehung und landet mit dem Knop nach unten in der hochgehaltenen Hand deines Partners (Bild rechts). Dein Partner wirft die Keule in seine rechte Hand und wieder zurück in deine linke Hand. Dann beginnst du von vorne. Probiert es unbedingt auch auf der anderen Seite, von rechts beginnend nach links werfend und dann gegenüber zum Partner in die rechte Hand. Und dann mit vier Keulen.

Wollt ihr dem Partner die Keulen alle abnehmen, fangt damit an, eine Keule herauszunehmen und wieder hineinzuwerfen. Dann nehmt ihr sie heraus und werft sie euch selbst in die andere Hand. Ihr schnappt euch die zweite Keule, die jetzt kommt, und schließlich die dritte.

Von der rechten in die linke Hand!

Von mir zu dir

● Mit drei Keulen

Jongliere nun mit drei Keulen und wirf die Abfolge allein für dich ein- bis zweimal durch. Wenn du dann rechts eine Keule fängst, wirfst du sie deinem Partner gegenüber zu. Hast du alle drei Keulen abgegeben, musst du mit deiner linken Hand die Keulen nacheinander wieder fangen und mit rechts wieder abgeben. Werft die Keulen abwechselnd mit rechts sowie auch mit links.

● Mit vier Keulen

Ihr steht euch wieder gegenüber. Einer jongliert mit drei Keulen, der andere hält eine. Zählt bei der Jonglage laut mit. Der fünfte Wurf z.B. geht zum Partner, der seine Keule ergänzend in die Jonglage wirft. Ihr tauscht also eure Keulen aus.

Besondere Figuren

Das Jonglieren mit Keulen ist sozusagen die »Königsdisziplin« unter den Jonglagen. Auf die Zuschauer haben wirbelnde Keulen große Anziehungskraft.

Auch wenn die Partnerjonglage etwas schwierig ist, lohnt sie sich, denn eure Zuschauer werden begeistert sein. Nehmt jemanden aus dem Publikum und werft die Keulen rechts und links an ihm vorbei dem Partner zu.

Wenn die Kaskade gut klappt, dann kannst du wie mit den Bällen auch unter dem Bein oder hinter dem Rücken jonglieren. Letztlich sind der Phantasie nur durch deine Beweglichkeit Grenzen gesetzt.

So geht's los

Du kannst die Kaskade anfangen, indem du dir eine Keule auf den Kopf stellst und sie dann in die Kaskade hineinkippen lässt.
Schon schwieriger ist es, mit zwei Keulen gleichzeitig anzufangen. Du brauchst dazu einen sauberen Wurf, aber es lohnt sich, weil dieser Anfang wirklich gut aussieht.
Wirf anstatt einer zwei Keulen gleichzeitig aus einer Hand in die Luft. Dann wirfst du die dritte Keule los, greifst schnell die beiden anderen und wirfst wieder eine davon hinaus. So kommst du in die Kaskade.
Noch schwieriger und für schon Fortgeschrittene ist der Beginn mit zwei Keulen unter einem Bein durch. Fliegen sie in der Luft, geht's weiter wie oben beschrieben.

Klatschen und Drehen

Wenn du ganz schnell alle Keulen bei der Kaskade hinauswirfst, so dass keine mehr in deinen Händen bleibt, kannst du klatschen oder sonst etwas mit den Händen machen. Eingebaut in eine Nummer wirkt das sehr lustig. Du tust, als wärst du endlich alle Keulen los, wischst dir die Hände ab, da kommen sie zurück, du erschrickst und bist wieder in der Kaskade.
Wirfst du bei der Kaskade die eine Keule ganz hoch, kannst du in Ruhe eine Pirouette drehen oder sogar zwei, je nach Höhe der Keule. Du brauchst dazu nämlich ein wenig Zeit. Die beiden anderen Keulen behältst du weiterhin in der Hand.
Wirkungsvoller als viele verschiedene Tricks ist es auch, wenn du mit deinen Freunden zusammen als Gruppe einen Trick zeigst.
Und wie immer sieht es am besten aus, wenn der Trick vollkommen synchron abläuft, am besten noch mit Musik.

Das Jonglieren mit Keulen ist nicht so ganz einfach. Lass dich nicht entmutigen. Mit etwas regelmäßiger Übung lernst du es sicher.

Tipps zur Vorführung

Allein oder mit Partner

Wenn ihr mit dem Jonglieren anfangt, denkt zuerst einmal gar nicht ans Fangen, sondern nur ans Werfen. Dann fällt der Ball eben herunter. Macht nichts. Das zielgerichtete, korrekte Werfen gerade auch mit der »schlechteren« Hand ist die Voraussetzung für das Fangen.

Wenn du deine erlernten Jonglierkünste Freunden und Bekannten vorführen möchtest und mit mindestens drei Requisiten jonglieren kannst, dann solltest du auf Folgendes achten:
Zeige deinen Freunden und Bekannten, was du gelernt hast, alleine oder mit deinem Jonglierpartner, das ist deine Entscheidung.
Es gibt viele Anlässe, z. B. auf der Geburtstagsfeier deiner Oma, bei einer Schulaufführung, im Freundeskreis, auf einem Sommerfest und vieles mehr.
Stelle dir eine kleine Nummer zusammen. Denn wenn du ein Thema hast, eine Geschichte, kannst du eventuelle Fehler gut ausbügeln, indem du so tust, als gehörten sie zur Darbietung.

Begleitprogramm zu den Tricks

Verbinde verschiedene Tricks miteinander, die du wirklich gut beherrschst. Kombiniere sie mit Akrobatik oder Tanz und vor allem mit Musik. Untermale deine Darbietung musikalisch, wähle eine Musik mit einem guten Rhythmus. Passe die Jonglage der Musik an, jongliere mal schnell und mal langsam, mal hoch und mal niedrig.
Achte darauf, dass du saubere Übergänge schaffst. Baue einige Ruhepausen ein, damit du deinen Zuschauern auch die Gelegenheit gibst, für dich zu applaudieren. Gleichzeitig kannst du die Ruhepausen zum Entspannen nutzen oder um dich auf den nächsten Trick zu konzentrieren. Reihe nicht einfach Trick an Trick, sondern lasse deine Phantasie spielen und sorge mit ein paar schönen Tanzschritten immer wieder für Abwechslung.

Der letzte Trick, den du vorführst, sollte am publikumswirksamsten sein. Denn der letzte Trick bleibt deinen Zuschauern am besten im Gedächtnis – und wenn der dann auch noch so richtig gut ist, behalten sie deine Vorführung in allerbester Erinnerung und du bekommst auch viel Applaus.

Wir jonglieren alle zusammen

In der Gruppe macht das Lernen mehr Spaß und es geht schneller. Ihr könnt kleine Wettbewerbe untereinander veranstalten, z.B.: »Wer jongliert am längsten?« oder »Wer kann am besten mit verschiedenen Gegenständen jonglieren?« – »Wer läuft am schnellsten im Jonglieren eine markierte Strecke?«

Ihr könnt Paare bilden und immer in Gruppen gegeneinander antreten. Ihr könnt euch eine kleine Show aufbauen und sie in der Schule oder auf dem Geburtstag von Freunden vorführen. Eure Freunde werden begeistert sein. Bezieht sie auch mit ein.

Wenn ihr schon sehr sicher im Jonglieren seid, könnt ihr sie bitten, den ersten Ball zur Kaskade hochzuwerfen oder eine Keule von ihrem Kopf aus in die Kaskade hineinfallen zu lassen. Passt aber auf, ob es dem Zuschauer auch Spaß macht oder ob er verlegen ist.

Versetze dich in deine Zuschauer: Gib ihnen Pausen zur Erholung von der Spannung einer schwierigen Jongliernummer.
Streue unterhaltsame und komische Darbietungen ein. Bringe sie zum Lachen, und fessle sie dann wieder mit deinem Können.

Der Patzer

Wenn dir während deiner Aufführung ein Patzer unterläuft, z. B. fällt dir eine Keule herunter, bügle ihn mit einem Trick wieder aus. Du kannst mit Hilfe deines Fußes die Keule auf den anderen Fuß legen und sie dann mit einem Kick wieder in die Jonglage zurückholen. Dazu solltest du wie folgt vorgehen: Lege die Keule auf deinen Fuß mit dem Griff nach innen. Der Griff liegt in der Beuge zwischen Fuß und Schienbein. Halte deinen Fuß so hoch, dass nur dein Hacken den Boden berührt und die Keule nicht vom Fuß herunterrollt. Mit einem Kick ziehst du nun deinen Fuß nach oben und gleichzeitig nach hinten. Der Knop der Keule wird an deinem Schienbein hängen bleiben und die Keule macht eine Drehung, bevor du sie wieder in deiner Hand auffängst und weiterjonglierst.

Sollte dir ein Ball herunterfallen, dann kannst du auch ihn wieder zur Jonglage zurückholen, ohne ihn mit der Hand vom Boden aufheben zu müssen.

Mit Hilfe deines Fußes rollst du den Ball auf die Zehen des anderen Fußes und kickst ihn hoch zur Jonglage. Oder du klemmst den heruntergefallenen Ball zwischen deine Hacken. Mit einem Sprung, wobei du deine Füße mit dem Ball seitlich mit hochwirfst, schleuderst du den Ball hoch, vielleicht sogar über die Schulter, und du kannst ihn auffangen und weiterjonglieren.

Wenn du einen Patzer machst, werde nicht nervös und schau nicht grimmig, sonst machst du das Publikum erst auf deine Fehler aufmerksam. Manch einer hat es vielleicht gar nicht bemerkt, und wenn du es gut überspielst und lächelst und das Requisit mit einem Trick wieder in die Jonglage bringst, wird man denken, dass alles Absicht war. Du wirst sogar Applaus für diesen Trick bekommen.

Die Kombination macht's

Eine Darbietung muss nicht aus besonders schwierigen Tricks bestehen. Dann passieren in der Regel auch viele Fehler und das verunsichert. Einen richtigen Jonglierkünstler erkennt man daran, wie er die Übungen kombiniert. Sie sollten fließend ineinander übergehen und unterhaltsam sein, also eine kleine Geschichte erzählen.

Beschränke dich auf ein paar einfachere Tricks, aber präsentiere sie beispielsweise rechts- und linksherum, nur mit einer Hand oder abwechselnd mit beiden Händen. Das reicht schon.

Außerdem kannst du denselben Trick sowohl mit Bällen als auch mit Tüchern oder Reifen präsentieren. Keinem Zuschauer wird auffallen, dass er die Übung schon kennt.

Bist du richtig souverän, kannst du auch einen Zuschauer mit einbeziehen, der ein Requisit halten muss oder z.B. dein Bein, damit du unten durchjonglieren kannst. Vergiss nicht, den Zuschauer beim Schlussapplaus auf die Bühne zu holen.

Tipp: Sehr gut geeignet sind kleine Zaubertricks, um die Zuschauer am Geschehen zu beteiligen. Relativ einfach zu lernen, aber ungeheuer verblüffend sind Kartentricks. Die Fingerfertigkeit dafür und für andere Tricks hast du schon durch das Jonglieren gelernt.

Tritt erst vor Publikum auf, wenn du lange geübt hast und dich sicher fühlst, dann wird es dir auch nicht so peinlich sein, wenn etwas nicht gleich gelingt. Schließlich hast du es gut gelernt.

73

Präsentiere deine Jonglierkunst wie ein Profi

Wenn du Artisten bei der Arbeit beobachtest, wirst du sie wahrscheinlich immer mit konzentriertem, aber entspanntem Gesicht sehen. Zum einen wollen die Zuschauer natürlich lieber ein lächelndes als ein ernstes Gesicht sehen, aber du wirst es erleben: Jonglieren macht einfach gute Laune.

Möchtest du deine Jonglierkunst öffentlich wie ein Profi zeigen, dann gib deiner Nummer eine besondere Note.
Deine Darbietung sollte eine Länge von etwa 10 bis 20 Minuten haben. Kopiere nie einen anderen Jongleur, sondern erarbeite dir die möglichst beste, auf deine Persönlichkeit und deinen Charakter zugeschnittene, eigene Darbietung.

Es soll Spaß machen

Lächle, während du jonglierst – deine Zuschauer sollen sehen, dass es dir Spaß macht. Präsentiere deine Nummer locker und mit einer gewissen Leichtigkeit. Das Publikum soll dir nicht ansehen, dass es eventuell anstrengend ist.

Was du anziehst

Ein Kostüm ist für eine Vorführung sehr wichtig. Das Verkleiden hilft dir, dich zu verwandeln, ein anderer zu sein. Du bist nicht mehr der Klaus mit der langen Nase und der schlechten Note in Mathe, sondern du bist ein Künstler, der Beherrscher der Schwerelosigkeit. Da darfst du dir auch manches erlauben, was sonst nicht möglich ist. Du wirst sehen, das Kostüm macht dich mutiger und gibt dir Schutz.
Wichtig ist, dass du dich im Kostüm wohl fühlst. Verzichte auf zu enge Gürtel, zu weite Ärmel oder Hosenbeine, die dich bei der Arbeit stören. Überhaupt ist alles, was rutscht, nicht günstig. Natürlich richtest du deine Verkleidung nach dem Thema deiner Nummer aus.
Falls du mit deinen Freunden auftrittst, könnt ihr durch die Farben eurer Kostüme oder die Stoffe eure Zusammengehörigkeit zeigen. Achte stets darauf, dass du saubere und gepflegte Kostüme hast.
Auf dein Äußeres solltest du ebenfalls Wert legen. Deine Haare müssen sauber und ordentlich sein. Jonglierst du im Scheinwerferlicht, pudere dein Gesicht etwas ab, damit du nicht wie eine Speckschwarte glänzt.

Du musst dein Kostüm unbedingt bei den letzten Proben vor dem Auftritt tragen, um damit vertraut zu werden. Dann kannst du auch noch etwas verändern, was dich stört, z.B. einen Gürtel annähen, damit er nicht rutscht.

Der Auftritt

Bevor du deine Nummer vor Zuschauern präsentierst, solltest du einiges beachten, damit du dich in aller Ruhe auf das Jonglieren konzentrieren kannst.

Requisitenständer

Vielleicht hast du ja Lust, bei deinem Auftritt durch einen Vorhang zu kommen. Oder du grenzt die Bühne gegen den Zuschauerraum mit Krepppapier, Luftschlangen, zusammengebundenen Luftballons u. ä. ab.

Deine Requisiten müssen immer in einem sauberen und einwandfreien Zustand sein. Sind sie mal kaputt, repariere sie gleich wieder, bevor du es vergisst.

Lege sie nach Möglichkeit während deines Auftritts nicht einfach auf die Bühne oder einen Stuhl. Besser ist es, wenn du dir einen speziellen Ständer herrichtest, du schonst die Sachen dadurch und hast sie beim Auftritt gleich griffbereit.

So baust du dir einen Requisitenständer

Es gibt viele Möglichkeiten, einen Requisitenständer zu bauen. Die einfachste Art ist folgende, wobei dir dein Vater oder Bruder helfen sollte: Du schneidest dir aus Sperrholz eine Platte von etwa 40 mal 40 Zentimeter oder einem Durchmesser von ca. 40 Zentimeter zu. Senkrecht auf dem Mittelpunkt der Platte befestigst du einen ca. zwei Zentimeter dicken und auf ca. 60 Zentimeter gekürzten Besenstiel. Befestige den Besenstiel mit Hilfe einer Holzschraube an der Platte. Auf dem Besenstiel befestigst du ebenfalls mit einer Schraube eine Plastikschüssel – hier kannst du nun Bälle hineinlegen, falls du damit jonglierst. Jonglierst du mit Keulen, dann schraube statt der Schüssel eine Platte auf und schneide nach der Anzahl deiner Keulen am Rand kleine U-förmige Stücke heraus. Die U-förmigen Stücke müssen etwas breiter als dein Keulengriff, aber schmaler als der Keulenknop sein. Die Keule wird mit dem Knop nach oben zeigend eingehängt und durch den Knop gehalten, ähnlich wie die Stempel im Stempelhalter im Büro (Bild oben auf S. 77).

Damit dein Requisitenständer auch attraktiv aussieht, musst du ihn nur noch mit einer schönen Folie bekleben oder mit Farbe bemalen. Plaziere ihn etwas seitlich auf der Bühne, damit er dir bei der Arbeit nicht im Weg ist. Auf dem Requisitenständer haben auch Tüten mit Konfetti Platz, die du völlig überraschend ins Publikum wirfst. Das überbrückt Pausen.

Passende Musik

Du musst dir darüber klar werden, ob du eine Musik brauchst, die eher langsam oder schnell, rasant, fließend oder hüpfend ist, je nachdem was du präsentierst.

Sie muss auch zum Thema deiner Nummer passen. Bist du ein Clown oder spielt deine Szene in einem anderen Land? Hast du Tanzschritte eingebaut oder Akrobatik?

Möchtest du eher klassische Musik oder moderne? Es gibt auch richtige Zirkusmusik. Erkundige dich im Fachhandel.

Für Jonglagen eignen sich sehr gut:
- »Pink Panther« von H. Mancini
- diverse Ragtimes
- Dixieland
- »Sweatheart« von A. Egen
- Schlager der 20er Jahre.

Übers Schminken

Falls du bei Kunstlicht auftrittst, geschieht es leicht, dass deine Gesichtsfarbe blass wirkt und die Konturen verschwimmen. Ein bisschen Puder genügt meistens. Wer z.B. in seiner Nummer noch durch Farbe im Gesicht Akzente setzen will, sollte mit Grundierungen arbeiten. Den Mund ein wenig nachziehen (sauber!), die Augen bekommen einen Lidstrich unten, die Augenbrauen schwungvoll oder flach verstärken, je nach darzustellendem Charakter, und ein bisschen Rot auf die Wangen. Auch die Schminke erleichtert ein professionelles Auftreten und gibt dir Selbstbewusstsein.

Lasse dich am besten von deiner Mutter, Schwester oder dem älteren Bruder schminken. Man kann nämlich manchmal selbst nicht einschätzen, wann es genug ist. Außerdem ist die Gefahr, Farbflecken auf das Kostüm zu bekommen, so geringer.

So beeindruckst du die Zuschauer

Der Spanier

Je besser du die Musik mit dem Jonglieren und deinen Bewegungen zusammenbringst, desto überzeugender und perfekter wirkt deine Vorführung. Ist die Musik spannend, solltest du einen besonders schwierigen Trick zeigen. Du kannst einen schweren Trick auch mit einem Trommelwirbel untermalen.

Bist du ein temperamentvoller Typ, dann suche dir eine temperamentvolle Musik aus. Hast du beispielsweise eine spanische Musik gewählt, kannst du das Jonglieren mit spanischen Schritten und Bewegungen verbinden. Dazu solltest du dir ein passendes spanisches Kostüm auswählen und es bei deiner Aufführung anziehen. Jongliere über die ganze, dir zu Verfügung stehende Arbeitsfläche. Wenn du Lust hast, dann laufe mit den Keulen ganz schnell von einem zum anderen Ende der »Bühne« und stoppe mit wilder Körperdrehung wie ein Torero. Jongliere während des Laufens und unterbrich deine Jonglage nach der Musik mit einem gekonnten Abschluss. Wirf die letzte Keule nach oben, mache eine Pirouette, lande mit den Knien auf dem Boden, fange die Keule auf und verharre in dieser Position. Wenn du dich auch kämpferisch wie ein Torero darstellst, wirst du in diesem Moment einen rasenden Applaus ernten.

Der jonglierende Koch

Wenn du als jonglierender Koch auftrittst, hast du natürlich zumindest eine Schürze umgebunden. Noch besser ist es, eine schwarz-weiß gemusterte Kochhose zu tragen und eine (niedrige!) Kochmütze. Lege ein großes Brett auf eine Küchenrolle und balanciere oben draufstehend. Jonglierst du mit Bällen, nimm sie, bevor du auf das Brett mit der Küchenrolle steigst, aus einem Kochtopf und vermittle durch Mimik und Gestik den Zuschauern, dass da heiße Steine drin sind. Nimm erst einen Ball aus dem Topf und wirf ihn sofort wieder hinein, tu so, als hättest du dich gerade an den Fingern verbrannt. Dann greifst du nach mehreren Versuchen wieder in den Topf und holst einen Ball nach dem anderen heraus. Nachdem du den ersten rausgenommen hast, wirf ihn einige Male hoch, bevor du den zweiten Ball nimmst, jongliere beide Bälle und nimm den dritten dazu.
Als Koch kannst du auch mit Lebensmitteln wie Eiern, Brötchen und Obst jonglieren. Besser ist es jedoch, wenn du dir Lebensmittel aus Plastik anschaffst – du bekommst sie in Dekorationsgeschäften und in Kaufhäusern. Auch Gegenstände aus der Küche kannst du benutzen wie beispielsweise Löffel, Pfannen und Kellen.

Vergiss nicht, deinen Zuschauern am Ende etwas anzubieten. Entweder die Früchte, mit denen du jongliert hast, oder du holst aus dem Topf, wo die Bälle drin waren, Schokolade oder Bonbons heraus. Tu dabei so, als würdest du noch einen Ball herausnehmen, umso größer ist die Überraschung.

Die Tennisspielerin und der Tennisspieler

Als Jongleuse oder Jongleur kannst du dir eine Darbietung im Tennis-Outfit aufbauen. Wähle dir ein dementsprechendes Kostüm aus. Nur nicht im Jogginganzug, das wäre für einen seriösen Auftritt nicht angebracht. Besser ist es, wenn du als Junge eine kurze Hose und ein Tennis-T-Shirt trägst und als Mädchen ebenfalls ein T-Shirt und einen Tennisrock. Passend dazu Tennissocken und Tennisschuhe. Schön sieht auch ein Stirnband aus. Wenn du deine Kleidung dann noch mit Pailletten oder Strasssteinen verzierst, gibst du deinem Kostüm einen besonderen Effekt, der im Scheinwerferlicht zur Geltung kommt.

Als Tennismädchen oder Tennisjunge musst du nun auch mit Tennisschlägern jonglieren. Es hört sich bestimmt jetzt schwierig an, ist es aber nicht. Wenn du mit Keulen jonglieren kannst, dann brauchst du nur ein paar Übungsstunden, um dich mit den Tennisschlägern vertraut zu machen.

Etwas aufwendiger: Bau ein Netz auf der Bühne auf – es muss kein richtiges Tennisnetz sein – und jongliere mit deinem Partner darüber hinweg.

So gestaltest du die Nummer

Beginne beispielsweise mit einem Tennisschläger und einem Tennisball. Lauf auf die Bühne und deute Tennisballaufschläge an. Lass den Ball einige Male auf den Boden tippen, so wie es die Tennisprofis vor ihrem Aufschlag tun. Wirf den Ball hoch und deute mit dem Schläger den Aufschlag an. Fang den Ball wieder auf und jongliere nun beide Gegenstände. Danach nimmst du einen weiteren Ball hinzu und jonglierst zwei Bälle und einen Tennisschläger. Du kannst genauso gut auch einen zweiten Schläger anstatt des Balles nehmen. Gestalte dir deine Nummer nach deinen eigenen Ideen.

Achte darauf, dass in deiner Darbietung alles zusammenpasst, angefangen vom Kostüm, über die richtige Musik bis zu den Requisiten. Lass dir am Ende einen Pokal überreichen und präsentiere ihn stolz deinen Zuschauern. Wenig sinnvoll wäre es, wenn du als Tennismädchen oder -junge z. B. mit Tüchern oder anderen Gegenständen jonglierst. Zeige eine Tennisnummer auch mit Partner.

Der Fußballer

Bist du ein Fußballfan, dann arbeite dir eine Darbietung als jonglierender Fußballer aus. Deine Requisiten werden dann Fußbälle sein. Besorge dir ein paar Fußbälle und übe mit ihnen wie mit kleinen Bällen. Es ist eine Umstellung, mit solch großen Bällen zu jonglieren, aber du wirst es, nachdem du bereits perfekt jonglieren kannst, auch bald beherrschen. Was du unbedingt in deine Nummer als Fußballer aufnehmen solltest, ist das Kicken auf den Füßen, so wie du es von den Fußballern in ihrer Aufwärmphase schon gesehen hast. Du kannst es zwischen den Jonglagen einfügen. Besonders gut macht sich auch das Balancieren und Köpfen der Bälle. Kicke zuerst mit einem Ball von links nach rechts im Wechsel auf den Füßen und Knien. Mache anschließend einen hohen Kick und köpfe den Ball auf deiner Stirn weiter. Köpfe immer flacher, bis der Ball zur Ruhe kommt und auf deiner Stirn liegen bleibt. Balanciere den Ball auf der Stirn und mache dann eine schnelle Bewegung mit dem Kopf zur Seite, so dass der Kopf auf der Schulter liegt und du den Ball auf deinem Ohr weiterbalancierst. Dann gibst du dem Ball mit deinem Kopf etwas Schwung und legst den Kopf auf die andere Schulterseite, so dass der Ball über deinen Kopf rollt und auf dem anderen Ohr liegen bleibt.

Lass den Ball zwischendurch auf einem Kreis, den deine Arme bilden, entlanglaufen. Dabei berühren sich die Fingerspitzen, und wenn der Ball über die Brust weiter von einem Arm zum anderen laufen soll, musst du dich ein wenig zurückbeugen.

Das kommt gut an

Das Jonglieren mit großen Bällen beeindruckt die Zuschauer meist besonders, denn durch die Größe der Bälle sieht alles viel schwieriger und wuchtiger aus. Wie dein Kostüm dazu aussehen soll, wirst du bestimmt selbst wissen. Am besten, du hast das Trikot deines Lieblingsvereins an, den auch die anderen mögen. Oder du druckst den Namen eines bekannten und beliebten Fußballspielers auf dein T-Shirt. Natürlich betrittst du die Bühne laufend wie ein Fußballspieler und drehst ein paar Runden zum Aufwärmen und springst ein wenig. Dann fängst du mit dem Ball an und schon geht's los. Wenn ihr zu mehreren seid, könnt ihr ja ein regelrechtes Jongliermatch austragen.

Akrobatische Kunststücke in der Jonglage

Bist du ein sehr sportlicher Typ, kannst du in deine Nummer akrobatische Kunststücke einbauen. Vielleicht bist du in einem Kunstturnverein und kannst einen Überschlag, Flickflack, Salto oder Spagat und noch vieles mehr. Alles kannst du für die Jonglage verwerten. Wirf drei Gegenstände schnell nacheinander hoch, mache eine Rolle oder einen Flickflack, fange die Requisiten rasch wieder auf und jongliere weiter. Oder rutsche in den Spagat, während du jonglierst, und ziehe dich von dort aus ohne die Jonglage zu unterbrechen wieder hoch.

Auch die einfachsten Akrobatikeinlagen sehen gut aus, wenn sie von mehreren zugleich ausgeführt werden. Auf »Hopp« werfen alle ihre Jonglage hoch, machen einen Purzelbaum und jonglieren weiter.

Tanzelemente

Verbinde deine Tricks mit Tanzschritten. Stoppe die Jonglage, zeige zwei, drei oder mehr Tanzschritte und jongliere weiter. Anregungen für die Musik und die Tanzschritte kannst du dir von Musikvideoclips im Fernsehen holen.

Drehen und Balancieren von Bällen

Gut macht sich in einer Aufführung auch das Drehen und Balancieren eines oder zweier großer Bälle auf der Fingerspitze.
Wichtig ist dabei, dass der Schwerpunkt des Balles nahe an der Drehachse liegt. Lege deinen Ball ins Wasser. Er richtet sich mit dem Schwerpunkt nach unten aus. Markiere den Schwerpunkt auf dem abgetrockneten Ball mit einem Stift.

Andrehen

Dreht sich der Ball gut auf deinem Finger, kannst du ihn kurz hochwerfen und wieder mit dem Finger fangen. Schwieriger ist es, den sich drehenden Ball unter dem Bein durchzuführen, hochzuwerfen und mit dem Finger der anderen Hand aufzufangen.

Halte deine Hand mit einem Ball senkrecht in Augenhöhe. Der Ball wird auf deinen Fingerspitzen gehalten. Drehe deine rechte Hand soweit wie möglich nach links und gib dem Ball Schwung, indem du ihn mit deiner Hand schnell rechtsherum drehst. Du drehst, wirfst den Ball gleichzeitig hoch und fängst ihn auf der Spitze des Zeigefingers wieder auf. Beim Auffangen musst du darauf achten, dass du dem Schwung nachgibst. Balanciere den drehenden Ball auf der Fingerspitze, auf dem Fingernagel oder auf der Fingerkuppe. Deinen persönlichen optimalen Drehpunkt musst du allerdings selbst herausfinden. Wirf den drehenden Ball vom Finger der rechten Hand auf den Finger der linken Hand und wieder zurück.
Beschreibe mit dem Arm eine Spirale, während du den Ball auf dem Finger drehst. Hierzu musst du deinen Oberkörper seitlich nach vorne beugen, dein Körpergewicht verlagert sich dabei auf deinen rechten Fuß. Hebe nun deinen Ellbogen nach außen hoch, drehe dein Handgelenk und führe den Ball unter deinem Arm zur Seite durch, während du deinen Oberkörper auf die andere Seite verlagerst. Zieh deinen Ellbogen wieder herunter, gehe in die Ausgangsposition (Bild eins bis vier auf S. 85). Versuche diesen Trick mit zwei Bällen gleichzeitig. Drehe erst einen Ball und wenn du ihn unter deinem Arm durchgeführt und den Oberkörper auf die andere Seite verlagert hast, beginne die Spirale mit dem zweiten Ball.
Bewege den Körper dabei gut mit!

1

2

Wenn du die Spirale mit einem drehenden Ball gut hinbekommst, übe mit zwei Bällen auf beiden Händen.

Bei der Balance ist es sehr wichtig, dass du die Augen immer auf den Höhepunkt des Balles richtest, um die Balance besser zu halten.

3

4

Bei der Spirale musst du deinen Körper so weit nach vorne und zur Seite beugen, dass dein Zeigefinger mit dem Ball immer vertikal bleibt.

Jonglieren und balancieren

Die Jonglage muss nicht immer nur auf dem Boden stehend ausgeführt werden. Es gibt viele Möglichkeiten in der Artistik.

Die rollende Kugel

Der beste Einstieg ins Balancieren ist das Rollbrett. Auf eine Rolle – PVC (mindestens fünf Millimeter), Kunststoff, Metall – wird ein zwei Zentimeter dickes Brett gelegt, an dessen beide Enden unten eine Leiste gehört, damit es nicht von der Rolle abrutscht. Etwas Hilfestellung und schon geht's los.

Am besten, ihr sperrt die Balancierkugel erst einmal mit vier Kästen ein oder bewegt euch an der Wand entlang. Auf alle Fälle braucht ihr anfangs zwei Helfer, die euch stützen. Nun müsst ihr zu allererst das sichere Stehen lernen, dann könnt ihr anfangen zu gehen. Wenn ihr nicht mehr so stark mit den Armen rudern müsst, um die Balance zu halten, könnt ihr mit dem Jonglieren beginnen. Balancierkugeln bekommt ihr in Jonglierläden oder dem Sportgerätehandel.

Das Drahtseil

Zunächst wird das Seil sehr niedrig etwa in Schenkelhöhe gespannt und du stellst dich einfach drauf. Gewöhne dir gleich eine aufrechte Haltung an mit Blick nach vorne. Am besten auf einem Bein stehen, die Arme seitwärts ausgestreckt, und mit dem anderen Bein in der Luft ausgleichen. Eine Hilfestellung ist wichtig, sollte aber dennoch nur ein Angebot sein, dass du dich im Notfall festhalten oder die Balance korrigieren kannst.

Einradfahren

Ein wenig üben musst du hier schon. Steige zwischen zwei Türpfosten oder zwei Kästen auf das Rad auf und halte die Balance. Bewege die Pedale vorsichtig. Zu Anfang brauchst du immer einen oder zwei Helfer oder ein Geländer. Daran kannst du dich langsam entlang bewegen. Auch wenn es freihändig schon ein Stück geht, solltest du immer wieder die Möglichkeit haben, dich abzustützen.

Steige nach vorne ab und halte den Sattel fest – er geht leicht kaputt. Klappt das Fahren, kannst du anfangen, die Richtung beliebig zu wechseln, in die Hände zu klatschen, über kleine Hindernisse zu springen und – zu jonglieren.

Mit dem Partner

Wenn du mit deinem Partner zusammen jonglierst, kannst du auf seine Schultern steigen und dort oben jonglieren. Seid ihr zu dritt, dann kannst du von dort aus zum Gegenüberstehenden jonglieren.
Um diese Möglichkeiten zu integrieren, solltest du dich nach einem Sportverein in deiner Nähe umschauen, in dem du diese Akrobatik oder Artistik lernen kannst.
Heute gibt es in vielen kleinen und großen Städten eine große Anzahl von Vereinen, die Artistik und Akrobatik lehren. Schließe dich einem solchen Verein an. Dort wird auch das Jonglieren gelehrt und du kannst deine Erfahrungen mit anderen Jongleuren austauschen. Ihr könnt euch gegenseitig kontrollieren und schneller eure Fehler beseitigen. Auch wird dich das Üben zusammen mit anderen Kindern ehrgeiziger machen.

Wenn du dich gut an deinem Partner festhalten kannst, schließe doch einfach einmal die Augen, bevor du anfängst zu jonglieren. Dadurch bekommst du ein besseres Gefühl für deinen Körper und Vertrauen zum Helfer.

Die Artistenschule

Wenn du später das Jonglieren zum Beruf machen möchtest und noch viel lernen willst, dann kannst du auf eine Artistenschule gehen. Die bekannteste in Deutschland ist die Schule für Artistik in Berlin (Adresse S. 92). Sie existiert seit über 40 Jahren, und hier wurden schon viele Darbietungen entworfen, die dann in der ganzen Welt im Zirkus, Varieté und in Revuen Anerkennung fanden.

Auf dieser Schule machst du deinen Realschulabschluss (9. und 10. Klasse) und anschließend eine Berufsfachschule (11. und 12. Klasse).

In der Artistenschule erhältst du neben der Ausbildung zum Artisten eine fundierte Schulausbildung. Das ist wichtig, wenn du später vielleicht nicht mehr als Artist arbeiten, sondern einen anderen interessanten Beruf erlernen und ausüben möchtest.

Das kannst du hier lernen

Der allgemeinbildende und künstlerische Unterricht ist kostenlos.

Der Schule ist auch ein Internat angeschlossen, für den Fall dass du nicht gerade aus Berlin kommst. Dafür muss jedoch bezahlt werden.

Im ersten Ausbildungsjahr wirst du in den artistischen Fächern Jonglieren, Akrobatik, Äquilibristik, Drahtseil und Trapez ausgebildet. Dabei kannst du auch feststellen, worin deine ganz besondere Begabung liegt. Vielleicht jonglierst du ganz besonders gut oder hast einen besonders guten Gleichgewichtssinn. Auf alle Fälle wirst du erst einmal umfassend ausgebildet. Für eine gute Körperhaltung und das Tänzerische bekommst du darüber hinaus Ballettunterricht.

Im zweiten Ausbildungsjahr beginnt der Aufbau deiner Darbietung. Am Ende des vierten Ausbildungsjahres wird deine professionelle artistische Ausbildung zu Ende sein und du wirst deine fertige Nummer in einer Abschlussprüfung darbieten. Es gibt auch noch eine schriftliche und eine mündliche Prüfung.

Du wirst dann als »Staatlich geprüfte Artistin« oder »Staatlich geprüfter Artist« die Schule verlassen und deinem Berufsleben nachgehen.

Vielleicht wunderst du dich, weshalb eine vierjährige Ausbildung nötig ist, um ein wenig Seiltanz und Jonglieren zu erlernen. An dieser Schule erhältst du eine umfassende Ausbildung, und wie viel Geschicklichkeit und Übung hinter auch nur der kleinsten und einfachsten Nummer steht, wirst du bereits erkennen, wenn du mit drei Bällen jonglieren möchtest und nicht täglich übst. Ein, zwei Tage Pause und schon haben die Hände die richtige Wurfhöhe und -richtung vergessen.

Nicht nur die Technik ist wichtig

Um wie viel gründlicher muss ein Körper geschult werden, dass er sich auf dem Kopf stehend oder beim Flickflack durch die Luft wirbelnd wohl fühlt. Da braucht man ein gutes Raumgefühl. Du musst praktisch jeden Moment in der Luft wissen, wo du dich befindest – wie weit ist es zum Boden, zur Decke, wo sitzen die Zuschauer, wo stehen deine Partner. Du musst lernen, in der Luft deine Sinne genauso beisammen zu haben, als würdest du gemütlich auf dem Boden spazieren gehen. Nicht umsonst heißen manche Trapezkünstlergruppen »Die fliegenden Menschen«. Fliegen muss dir zur zweiten Natur werden – oder jonglieren oder hochradfahren oder balancieren.

Aber diese Techniken sind bei fleißigem Üben gut zu erlernen. Das wichtigste ist jetzt, dir eine »Verpackung« auszudenken. Denn drei Bälle jonglieren können letztlich doch viele Menschen. Aber drei Bälle zu jonglieren mit einer roten Pappnase, weiten Hosen und ewig langen Schuhen, die auch noch beim Laufen behindern, ist schon nicht mehr so leicht. Und außerdem erzählst du damit bereits eine Geschichte. Du bist ein Clown. Und vielleicht fängt der Clown bei seiner Jonglage ja an, einen phantasierten Mückenschwarm zu verjagen, indem er immer wieder wild um sich schlägt und dabei nur noch mit Mühe die Bälle fangen kann. Und dann kommt vielleicht sein Freund, der ihm die Jonglage abnimmt, ohne sie zu unterbrechen, damit der Clown sich richtig gegen die Mücken wehren kann.

Du wirst schon bald spüren, was dir Spaß macht und gut beim Publikum ankommt. Damit wird deine Vorführung einzigartig, weil sie eben genau von dir ist und von keinem anderen.

Je ernster dir die Sache ist, umso mehr solltest du dich um Begegnungen mit guten Lehrern und Lehrerinnen kümmern. Außerdem macht das Üben mit Gleichgesinnten viel mehr Spaß und du wirst ermutigt, weiterzumachen.

Bauanleitung für Jonglierbälle

Wenn ihr euch Jonglierbälle selbst bastelt, macht es sorgfältig. Niemand übt gerne mit qualitativ schlechtem Material oder zusammengenähten Stoffstücken in phantasielosem Grau. Macht euch bewusst, dass ihr jetzt anfangt, eine wahre Kunst zu erlernen, die früher sogar bei religiösen Feiern vorgeführt wurde.

Im Prinzip könnt ihr mit allen kleineren Bällen, wie beispielsweise Tennis- oder billigen Gummibällen das Jonglieren erlernen. Sie sollten so groß sein, dass ihr zwei in einer Hand halten könnt, und 120 bis 160 Gramm wiegen. Günstig sind auch so richtig bunte Bälle, denn sie sind gut zu sehen. Es kommt dabei natürlich auch auf den Übungsort an. Im Freien sind beispielsweise weiße Bälle gut zu sehen, im Zimmer vor einer weißen Wand sehr schlecht.

Die meisten Bälle erfüllen diese Voraussetzungen jedoch nicht so ganz. Sie sind oft zu leicht und liegen daher schlecht in der Hand oder sie sind zu glatt und rutschen beim Fangen weg.

Außerdem werdet ihr gerade zu Beginn eures Trainings die Bälle oft nicht erwischen oder sie prallen gegeneinander. Dann fallen sie auf den Boden, rollen und springen in alle Himmelsrichtungen davon und ihr müsst hinterherlaufen.

Richtige Jonglierbälle gibt es in Geschäften mit Jonglierbedarf (siehe »Bezugsquellen« S. 93).

Ihr könnt euch Jonglierbälle aber auch selbst basteln.

Gefüllte Tennisbälle

Besorgt euch drei (oder mehr) alte Tennisbälle. Bittet einen Erwachsenen, mit einem scharfen Messer einen kleinen Schlitz in jeden Ball zu schneiden. Mit einem kleinen Trichter könnt ihr jetzt Reis in den Ball füllen. Damit die Bälle nicht zu schwer werden und gleiches Gewicht haben, müsst ihr sie immer wieder mit einer Küchenwaage wiegen. Am Ende klebt ihr das Loch mit Alleskleber zu und wickelt einen Streifen Klebeband darüber.

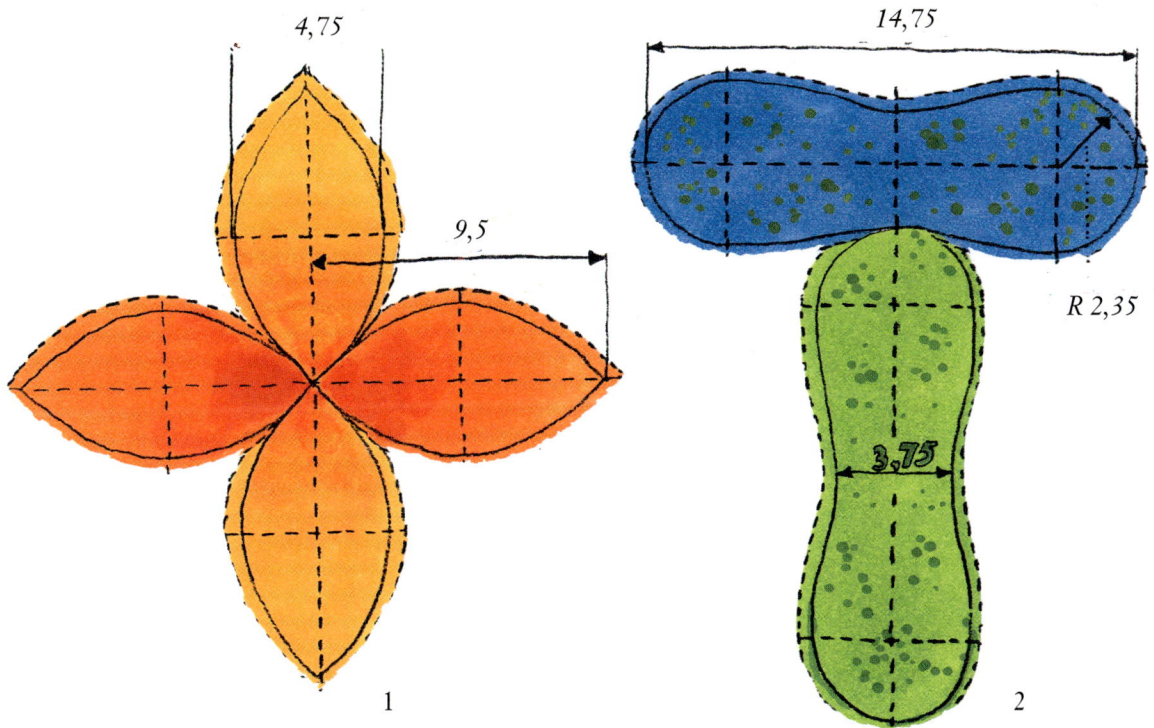

4,75

9,5

14,75

R 2,35

3,75

1

2

Bean-Bags

Bean-Bags sind Stoffsäckchen, die mit feinkörnigem Material gefüllt sind. Sie liegen weich und fest in der Hand und hüpfen nicht weg, wenn sie zu Boden fallen.

Ihr könnt eure Mutter bitten, sie euch zu nähen. Entweder nach dem Blattschema (Abb. 1) oder dem Tennisballschema (Abb. 2). Als Material eignen sich Stoff- oder weiche Lederreste in ganz unterschiedlichen Farben.

Die Teile werden bis auf eine ca. zehn Millimeter lange Naht auf links zusammengenäht, mit Reis, Sesam oder ähnlichem Material gefüllt, und am Ende wird die restliche Naht geschlossen.

Vollgummibälle sind dann empfehlenswert, wenn der Boden mit einbezogen ist, also ein Ball fallen gelassen und nach dem Hochspringen wieder in die Jonglage eingebaut wird.

Kontaktadressen

Solltest du später an der Ausbildung zum professionellen Jongleur interessiert sein, dann schicke deine Bewerbung an folgende Adresse:

Staatliche Ballettschule Berlin und Schule für Artistik
Friedrichstraße 112 a · 10117 Berlin
Tel.: 030 / 2 823 803

Weitere Adressen

UFA-Fabrik
Viktoriastraße 13-18 · 12105 Berlin
Tel.: 030/75503-0 oder 75295-48
Hier ist auf dem Gelände der alten UFA-Studios ein halbprofessioneller Zirkus entstanden, in Form einer Zirkuskommune. Da gibt es zu fast allen Fragen einen Ansprechpartner.

Traumfabrik
93059 Regensburg · Donaustauferstraße 91 · Tel.: 0941/401025
Ein Projekt von Sportpädagogen und -studenten der Universität. Es werden Tourneen veranstaltet, aber auch Wochenendseminare für phantasievolles Spielen, Jonglieren usw. Programm kann angefordert werden.

»Kaskade«
Europäische Jonglierzeitschrift
Gabi & Paul Keast
Schönbergstraße 92 · 65199 Wiesbaden · Tel.: 0611/9465142
In dieser Zeitschrift findet man viele Adressen, aber auch Termine von Treffen und Festivals und Buchbesprechungen.

Internationales Artistenmuseum
Liebenwalder Straße 2 · 16348 Klosterfelde (Brandenburg)
Tel.: 030 / 4457606 Do – So 14 – 18

Gute Lehrer sind wichtig, wenn du dich ernsthafter mit dem Jonglieren beschäftigen willst. Sie nehmen dir zwar nicht das Üben ab, aber sie können Tipps geben, wie es richtig Spaß macht und wie du schneller zu deinem selbst gesteckten Ziel kommst. Und sie haben fast immer eine lustige Geschichte von einem berühmten Jongleur auf Lager.

Bezugsquellen

★ **Aktivo**
Jonglier-Artistik-
Zauber-Spielbedarf
Lilienstraße 21
34497 Korbach
Tel.: 05631/62109

★ **Andys Jonglierecke**
Oberstraße 24
50321 Brühl
Tel.: 02232/35351

★ **Balance**
Kortumstraße 5
44787 Bochum
Tel.: 0234/12051

★ **ballaballa** – Artistik,
Theater und Geschenk-
artikel GmbH
Zülpicher Straße 390
50674 Köln
Tel.: 0221/9320455

★ **Chapeau-Claque
Jonglierbedarf**
Olgastraße 47
70182 Stuttgart
Tel.: 0711/2364484

★ **Die Cirkuskiste**
Math.Schleiden Straße 5
50735 Köln
Tel.: 0221/763120

★ **Confetti**
Wolf Peter KG
Fehrfeld 24
28203 Bremen

★ **Diabolo
Jonglierbedarf**
Sigrid Teichert
Stresemannweg 11
89537 Giengen
Tel.: 07322/24645

★ **Henrys Freizeit-
und Jonglierbedarf**
Adlerstraße 27a
76133 Karlsruhe
Tel.: 0721/359403

★ **Die Jonglerie**
*Werner Rausch &
Werner Lüft*
Hasenheide 54
10967 Berlin
Tel.: 030/6918769

★ **Keule & Co.**
Bahnhofstraße 33
74072 Heilbronn
Tel.: 07131/89600

★ **Kinkerlitzchen**
PF 1648
49786 Lingen
Tel.: 0591/53899

★ **Knallfrosch**
Klosterstraße 2
59227 Ahlen
Tel.: 02382/80080

★ **Kusselkopp**
Klaus Borkens
Bückmannsmühle 5
45326 Essen
Tel.: 0201/347650

★ **Luftikus**
Warendorfer Straße 5
48145 Münster
Tel.: 0251/47615

★ **Pappnase & Co.**
Grindelallee 92
20146 Hamburg
Tel.: 040/449739
Und als Filialen:
Rosenheimerstraße 5
81667 München

Tel.: 089/4481771
Leipziger Straße 6
60487 Frankfurt
Tel.: 069/709493

★ **Pegasus – die
Jonglerie** Eckerstraße 3/
Lister Meile
Hannover
Tel.: 0511/3480011

★ **Plinjo & Jojo**
*Bruno Zühlke u.
Christian Storch*
Maienstraße 1
79098 Freiburg
Tel.: 0761/74991

★ **Schabernack**
Jonglier- &
Artistikbedarf
Kölner Straße 76
51379 Leverkusen-
Opladen

★ **Siegmono-Cycle**
Schreberweg 4
24119 Kronshagen
Tel.: 0431/541441

★ **Ulmer Zauber-
laden**
Frauenstraße 8
89073 Ulm
Tel.: 0731/9217755

★ **Zauber- &
Jonglierbedarf**
Mülhausenerstraße 52
47929 Grefrath
Tel.: 02158/800647

★ **Zauberkönig**
Sonnenstraße 14
80331 München
Tel.: 089/592383

In diesen Geschäften
bekommt ihr alles, was ihr
braucht: Bean-Bags,
Vollgummibälle, Bälle in
Neonfarben, Diabolos in
allen Farben und Größen,
Keulen – auch zum
Anzünden (Fackeln), Reifen,
Tücher, Einräder, Jo-Jos,
Schminke und Literatur zum
Thema. Die Verkäufer
wissen auch meist,
was es bei euch in der
Gegend gerade an Veran-
staltungen gibt.

Glossar

Es lohnt sich, wenn du dir diese Begriffe merkst. Besonders in der Zusammenarbeit mit anderen Jongleuren oder auf Lehrgängen weißt du dann gleich, was gemeint ist, wenn z. B. von »dotzen« die Rede ist. Das ist eben die Jongliersprache mit eigenen Ausdrücken.

Ausfallschritt
einen Fuß vor den anderen setzen

Ausgangsposition
Position wie am Anfang des Tricks

Balancieren
das Gleichgewicht halten; einen Gegenstand auf dem Körper halten, ohne dass er herunterfällt

Bean-Bag
weiche, mit Sand o.ä. gefüllte Jonglierbälle

Diabolo
Wurfspiel; wird mit Hilfe einer Schnur zwischen zwei Handstöcken angedreht, hochgeworfen und aufgefangen

Dotzen
ein jonglierter Gegenstand springt irgendwo auf und wird dann weiterjongliert

Drehung
einmal um die eigene Achse

Dreierjonglage
jonglieren mit drei Gegenständen

Farbwechsel
Änderung der Farbe; Ringe werden während der Jonglage umgedreht und man sieht die andersfarbige Seite des Ringes

Griff
der schmale Teil der Keule

Grundhaltung
eine bestimmte Position des Körpers

Jonglage
das Jonglieren

Jonglieren
Werfen und wieder Auffangen von Gegenständen

Kaskade
im Kreis jonglieren

Keule
ein Wurfrequisit

Kick
schneller Stoß mit dem Fuß

Knop
das runde Teil am Ende der Keule

Körper
der dicke Teil einer Keule

Krallen
greifen; mit der Handfläche nach oben zeigend nach unten greifend fangen

Nebeneinander
nebeneinander stehend jonglieren

Nummer
die Reihenfolge bestimmter Übungen oder Tricks

Passen
eine Jonglage zwischen zwei oder mehr Personen

Pause
eine absichtliche Unterbrechung der Jonglage

Pirouette
schnelles Umdrehen auf einem Bein

Reifen
Wurfrequisit

Requisit
ein Zubehör = Gegenstand zur Ausübung einer Tätigkeit und zum Auftritt auf der Bühne

Ring siehe Reifen

Rücken an Rücken
Rücken an Rücken stehen

Rundlauf
um den Partner herumlaufen

Rhythmus
der gleichmäßige Abstand, in dem die jonglierten Gegenstände hochgeworfen werden

Synchron
gleichzeitig, parallel

Synchron jonglieren
zur gleichen Zeit und im gleichen Rhythmus den gleichen Trick jonglieren

Trick
Kunstgriff in der Artistik

Trickfolge
eine Reihe aufeinanderfolgende Kunstgriffe

Übergänge
von einem zum anderen Jongliertrick übergehen

U-Shape
spezielle Wurfform mit drei Bällen

Wasserfall
Wurfform mit drei Bällen, wobei ein Arm nach oben gedreht wird und die ganze Zeit so bleibt

Über die Autorin
Petra Albath hat ihre Ausbildung an der Staatlichen Fachschule für Artistik in Berlin absolviert. Seit mehr als 20 Jahren steht sie zusammen mit ihrem Ehemann auf den Zirkusbühnen des In- und Auslandes.

Hinweis
Das vorliegende Buch ist sorgfältig erarbeitet worden. Dennoch erfolgen alle Angaben ohne Gewähr. Weder die Autorin noch der Verlag können für eventuelle Nachteile oder Schäden, die aus den im Buch gemachten praktischen Hinweisen resultieren, eine Haftung übernehmen.

Bildnachweis
Alle Illustrationen stammen von Gisela Dürr, München, und Kirsten Straßmann, Recklinghausen.

Impressum
© 1998 Südwest Verlag GmbH in der Verlagshaus Goethestraße GmbH & Co. KG.

Redaktion: Michaela Breit
Projektleitung: Ernst Dahlke
Redaktionsleitung: Nina Andres
Produktion: Manfred Metzger
Umschlag: Manuela Hutschenreiter/Gisela Dürr
DTP/Satz: Mac2, München
Druck: Weber-Offset, München
Printed in Germany

Gedruckt auf chlor- und säurearmem Papier.

ISBN 3-517-07651-1

Register